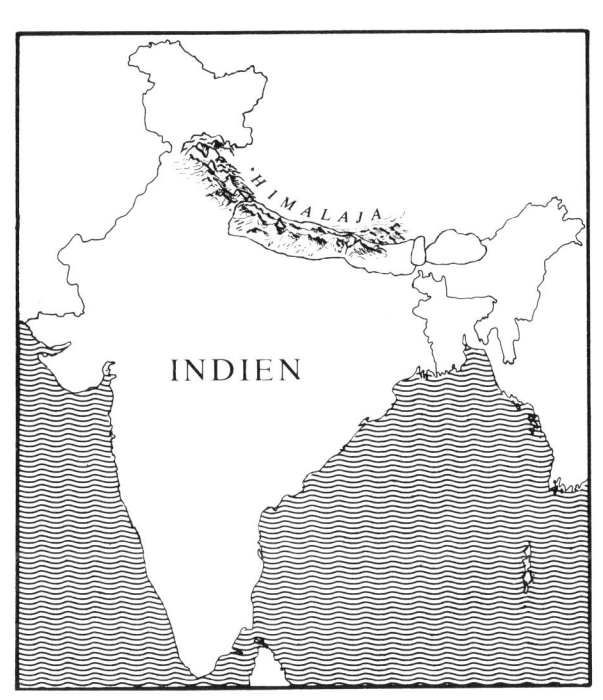

INDIEN

TIBET

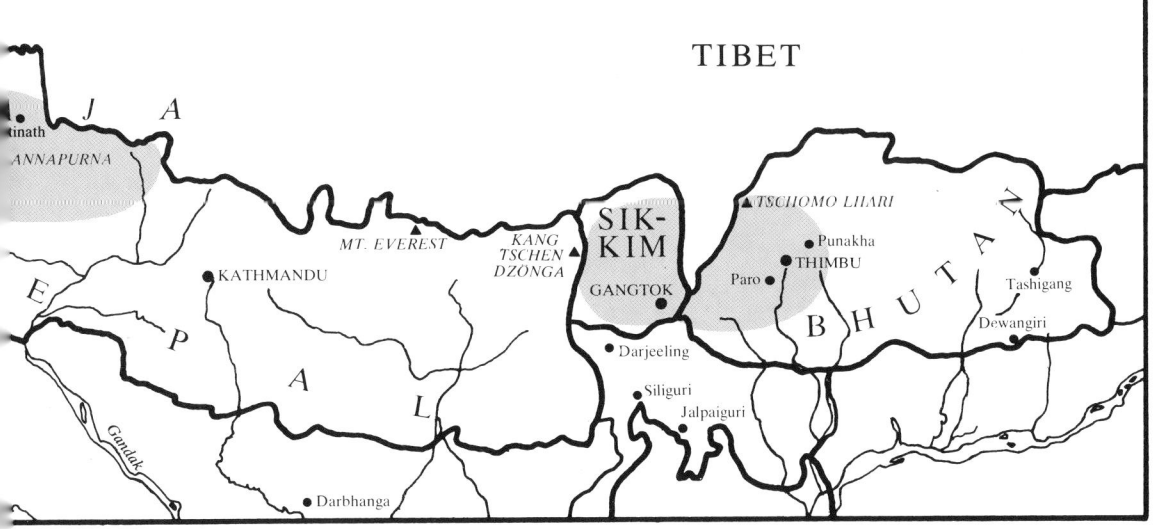

Heinrich Harrer
* Der Himalaja blüht *

Heinrich Harrer

DER HIMALAJA BLÜHT

Blumen und Menschen
in den Ländern des
Himalaja

Pinguin-Verlag, Innsbruck
Umschau-Verlag, Frankfurt/Main

Vorderes Umschlagbild:
Im Frühling sind die Berghänge bedeckt mit
Rhododendren (Rhododendron fictolacteum).
Im Hintergrund der Kabru in West-Sikkim

Sämtliche Farbabbildungen wurden vom Autor
mit einer Leicaflex auf Kodachrome-Filmen
aufgenommen

Bildauswahl und Gestaltung: Jochen Pabst
Für die Durchsicht der Texte
dankt der Verlag dem Botaniker
Wilhelm Schacht

Inhalt

Vorwort

Dies Buch ist ein Teil meiner fotografischen Ausbeute, die ich in vielen glücklichen Jahren unter Menschen und Blumen des Himalaya machen durfte. Hatten mich in früheren Zeiten vor allem die Gipfel, die Menschen, ihre Sitten und Gebräuche interessiert, so entdeckte ich in späteren Jahren immer mehr das, was am Wege zu meinen Zielen lebte. Sei es die großartige Schönheit leuchtender Rhododendrenwälder, die dunkle Kühle gigantischer Zedernbäume oder die stille Bescheidenheit kleiner Bergblumen bis hin zu meinem Jugendtraum, der „blauen Blume", die ich nach vierzig Jahren im blauen Mohn finden sollte. 1975 hatte ich dann das große Glück, daß mich der bekannte, belgische Botaniker, Prof. M. Léonard, auf meiner Expedition in das „Tal der Blumen" begleitete. Es ist über zweihundert Jahre her, als der schwedische Naturforscher Carl von Linné die Frage stellte: „Welche Arbeit ist schwerer, welche Wissenschaft anstrengender, als die Botanik?" Ich sollte es selbst erleben, als ich Prof. Léonard und seine Assistentin bei ihrer Arbeit, wissenschaftliche Aufgaben zu lösen, im „Tal der Blumen" und an der „Quelle des Ganges" voll Aufmerksamkeit beobachten konnte. Geduld und Ausdauer waren ihre Tugenden. An vielen Tagen, wenn wir anderen noch schliefen, krochen die beiden bei Kälte und Dunkelheit aus ihren Schlafsäcken, um ihre Beobachtungen zu machen. Und abends, wenn wir uns schon ausruhten, katalogisierten sie, beschrifteten und preßten sie die gesammelten Pflanzen. Vieles lernte ich durch sie sehen und meine Lust, auf friedliche Art Pflanzen zu „jagen", wuchs mit jeder neuen Expedition.

Lange Zeit war die Pflanzensuche in Indien und Tibet ein Privileg der Engländer gewesen, deren große Sammler Hooker, Wilson, Wallich oder Forrest bis heute noch nicht vergessen sind. Aber auch die drei deutschen Brüder von Schlagintweit aus München hatten erfolgreiche Forschungsreisen nach Indien und in den Himalaja unternommen.

Der Soziologe und Philosoph Erich Fromm erläutert in seinem Buch „Haben oder Sein" den Unterschied zwischen der Existenzweise des Habens und Seins, u. a. am Beispiel zweier Gedichte, die ich hier zitieren möchte. Der englische Dichter Tennyson empfindet beim Anblick einer Blume folgendes:

„Blume in der geborstenen Mauer,
ich pflücke dich aus den Mauerritzen,
mitsamt den Wurzeln halte ich dich in der Hand.
Kleine Blume – doch wenn ich verstehen könnte,
was du mitsamt den Wurzeln und alles in allem bist,
wüßte ich, was Gott und Mensch ist."
(Übersetzung: Marion Steipe)

Anders sieht es Goethe:
„Ich ging im Walde
so vor mich hin
und nichts zu suchen,
das war mein Sinn.

8

Im Schatten sah ich
ein Blümchen stehn,
wie Sterne leuchtend,
wie Äuglein schön.

Ich wollt es brechen,
da sagt es fein:
Soll ich zum Welken
gebrochen sein?

Ich grub's mit allen
den Wurzeln aus,
zum Garten trug ichs
am hübschen Haus.

Und pflanzt es wieder
am stillen Ort;
Nun zweigt es immer
und blüht so fort."

Zwei Möglichkeiten des Verhaltens gegenüber einer kleinen, zarten Blume: Einmal das „in der Hand halten wollen", das andere Mal wohl auch der Wunsch des Besitzens, aber mit der Rettung vor dem Verwelken und dem Tod. Den drit-ten Weg fand ich in einem Haiku von Günther Klinge:

„Blau blühender Mohn
in Tibets stillen Tälern.
Freude in Freiheit."

Er will die Blume nicht haben und nicht pflücken, sondern erfreut sich an ihrem Blühen in Freiheit.
Tennyson und Goethe können nur im philosophisch-poetischen Sinn befriedi-gen, und sie haben die Freiheit, es auf ihre Art zu deuten. Ich als Praktiker aber weiß, wenn ich diese oder jene Blume im Himalaja pflücke, wird sie welken, und wenn ich sie mit ihren Wurzeln ausgrabe, wird sie sich bei mir zuhause durch an-dere Lebensbedingungen verändern, sei es zum Gigantismus wie das Edelweiß und die Primula auricula, oder zum Verkümmern wie z. B. die Himalaja-zeder.
Ein Bilderbuch der schönsten und sel-tensten Blumen schien mir die Lösung: Festhalten und Besitzen, ohne zu stören, durch die Fotografie.

Tal
der Blumen

„Betracht' die Blum' sie blühet, blüht nicht, weil man sie siehet, sie blühet, weil sie blühet," diese Worte des Arztes und Mystikers Angelus Silesius kamen mir in den Sinn, als ich mich im „Tal der Blumen" vergeblich bemühte, keine der unzähligen Blüten zu zertreten, die auf meinem Wege blühten. Aber noch war es nicht so weit ...

Es ist Mitte August und die Monsunzeit geht in Indien ihrem Ende entgegen. Ersehnt und gefürchtet ist diese Periode des großen Regens. Man braucht das Naß für die Felder, die in den langen Dürrezeiten braun und vertrocknet aussehen, aber wenn der Monsun zu lange dauert, bedeutet der Regen für die Menschen Hunger und Not. Die Flüsse treten über die Ufer, überschwemmen die Ebenen mit tausendfacher Gewalt und fordern jedesmal viele Menschenopfer. Dennoch kehren die Bauern immer wieder zurück, sobald die Wasser abgeflossen sind. Auf noch nassem Boden beginnen sie, die Grundmauern ihrer armseligen Wohnhütten mit den stumpfwinkeligen Strohdächern wieder aufzubauen. Und man lernt sie verstehen. Was Erdbebenkatastrophen für die Japaner bedeuten, sind für die Inder die Monsunregen mit ihren Flußüberschwemmungen, wobei diese weitaus größere Schäden anrichten und mehr Menschenopfer fordern.

Jetzt aber, im August, sind in den Bergen alle Felder grün und die Temperatur ist so angenehm wie bei uns in Europa im Sommer. Ab und zu gibt es noch ein paar Regengüsse, die einen völlig überraschend treffen. In Sekundenschnelle verfinstert sich der Himmel, und das Wasser stürzt wie aus Kübeln auf die Erde. In einer Viertelstunde kann so viel Regen fallen wie bei uns in einem Monat.

Wir sind eine kleine Gruppe interessierter Indienfreunde, die als Ziel das „Tal der Blumen" haben. Mit einem kleinen Bus fahren wir durch die Siwaliks, dem Vorgebirge des Himalaja, nach Rishikesh, dem Platz, wo der Ganges aus dem Himalaja in die indische Ebene heraustritt. Es ist einer der heiligsten Orte Indiens. Die Hindu umweben ihre großen Flüsse mit Heiligkeit und Glanz. Jedoch ist der Ganges hier bei Rishikesh nicht ungefährlich, und die Strömung ist so stark, daß sich die Gläubigen beim Baden an besonders dafür installierten Ketten festhalten, damit sie nicht weggeschwemmt werden. Es passieren leider auch Unfälle, und ein solches Unglück wurde mir von den Betroffenen selbst erzählt. Als ich mit König Leopold von Belgien auf den Andamanen-Inseln war, wohnten wir im Haus des gastfreundlichen Gouverneurs Harmandar Singh und seiner Frau. Sie waren beide sehr bedrückt, da wenige Tage vorher ihre Tochter, eine junge Studentin, während einer Pilgerfahrt zum Ganges, in Rishikesh in der starken Strömung des Flusses ertrunken war. Sie war jung und glaubte sich stark genug, ohne Ketten zu baden. Erbarmungslos riß sie die Strömung mit sich davon. Die Mutter, trotz ihres starken Glaubens, war untröstlich.

Der Indienreisende muß sich Gedanken machen über diese Flüsse; um den indischen Menschen richtig verstehen zu lernen, um die Mythen und Legenden zu begreifen, die sie bangend, fürchtend und verstehend ihren heiligen Strömen zuschreiben. Ihre Flüsse fordern nach Götterlaune Opfer, immer und immer wieder. Aber diese Menschen werden sich durch keine Naturkatastrophe vertreiben lassen. Sie wollen nicht vernünftiger sein als ihre Götter. Der Himmel hat hier das Recht, die Menschen zu strafen und zu segnen. So viel Fatalismus ist bewundernswert: sobald die Fluten weg sind, strömen die Menschen wieder in die Gebiete zurück, beginnen das Leben von neuem. Man geht an die Arbeit, baut neue Häuser und bestellt die Felder ... Wer einmal diese für unsere Begriffe unvergleichliche Schicksalsergebenheit im besten und mutigsten Sinne des Wortes in Indien erlebt hat, der kann mit gutem Gewissen sagen, daß er etwas über das mögliche Maß menschlicher Leidensfähigkeit und über die zähe Unverwüstlichkeit dieser Menschen weiß.

Von Rishikesh an folgen wir dem heiligen Fluß für mehrere hundert Kilometer hinauf zum Hauptkamm des Himalaja. Die erste Klimazone, die Ebene Indiens, haben wir bereits hinter uns, und meine Gedanken schweifen wie von selbst Jahre zurück, als ich aus dem englischen Gefangenenlager Dehra-Dun nach Tibet flüchtete. Damals mußte ich mit 40 kg Gepäck auf dem Rücken die Strecke, die wir jetzt gemütlich im Bus fahren, zu Fuß zurücklegen. Natürlich konnte ich auch nicht die ausgetretenen Pfade benutzen, das war viel zu gefährlich. Außerdem ging ich bei Nacht durch die Täler, Schluchten und Flüsse, immer in der Angst, es könnte mir jemand begegnen. Manchmal passierte es, daß ich im Kreis herumlief, oder wie im Aglar-Tal 40 mal den Fluß durchwaten mußte, weil mir immer wieder eine Felswand den Weg versperrte. Und das alles nur in der Nacht, denn am Tage verkroch ich mich wie ein Tier im Gestrüpp und schlief. Es ist merkwürdig, man hat hier überall den Eindruck einer einsamen, menschenleeren Landschaft, und trotzdem mußte ich immer wieder die Erfahrung machen, daß dies ein Irrtum ist. Was ich damals nur ahnte und erfuhr, weiß ich inzwischen: es gibt in Indien kaum einen Flecken, selbst im unwegsamsten Gelände, wo nicht einmal am Tag ein Mensch hinkommt. Frauen schneiden Gras, holen Blätter, Holz, Wasser; Hirten durchziehen mit ihren Tieren die steilsten Hänge. Fallensteller, Jäger, spielende Kinder, sie zwangen mich immer wieder, meinen Versteckplatz zu wechseln. Ja, selbst die Affen, die kaum Notiz vom Straßenverkehr nehmen, schienen mit meiner Flucht nicht einverstanden und betrachteten mich als Eindringling in ihr Revier. Mit lautem Geschrei versuchten sie mich aus meinem Versteck zu vertreiben, und als ich einmal in einer Schlucht lagerte, bewarfen sie mich von oben mit Erdklumpen und Steinen. Aber nun zurück in die gefahrlose Gegenwart. Die verschiedenen Klimazonen werden bestimmt durch die Niederschlagsmenge, die in der betreffenden Gegend fällt. Wir durchfahren die zweite Zone, wo man jährlich ein bis zwei Meter mißt und die subtropischen Pflanzen das Landschaftsbild bestimmen. Ein unfreiwilliger Aufenthalt gibt uns Zeit und Gelegenheit, einige Arten anzusehen. Ein Felssturz hat die Straße blockiert und hindert uns an der Weiterfahrt. Zuerst sieht es so aus, als ob wir umkehren müßten, denn der Felsblock ist so groß, daß er mit Menschenkraft nicht zu beseitigen scheint. Trotzdem macht eine kleine Gruppe von Indern den Versuch, ihn mit Schaufeln zu entfernen, und wie so oft in Indien, sie bringen es mit Geduld zuwege, und nach einigen Stunden können wir unsere Fahrt fortsetzen. Rechts und links von der Straße wuchern in großer Üppigkeit viele interessante Pflanzen. Ich erkenne die Polly-Galla, was mit „viel Milch" übersetzt, und die von der Bevölkerung als Ziegenfutter gesammelt wird. Daneben wächst ein Busch Zisiphus spina christa, von dessen Dornen man sich erzählt, daß sie die Krone des gekreuzigten Christus bildeten. Voll in Blüte steht die Strophantusranke, aus deren Samen man das Herzmittel Strophantin gewinnt. Die Blätter des Papiermaulbaumes Broussonetia papyrifera, der hauptsächlich in China wächst, sind so samtig und weich, daß wir sie immer wieder anfassen. Dazwischen finde ich Agaven, aus deren Fasern die Leute hier dicke, unzerreißbare Seile machen und die Südamerikaner ihren bekannten Schnaps brennen. Attraktiv leuchtet der Costus, eine sehr große Blume, aus der Feuchtigkeit zu mir herüber, und mir fällt ein, daß sie als Ingwergewächs die Nässe liebt. Seit meiner Kindheit auf den Almen Kärntens lebe ich mit den Blumen der Berge, und Begegnungen mit Pflanzen sind für mich, als wenn ich alte oder neue Bekannte treffe. Kein Wunder, daß meine Freude und Vorfreude grenzenlos ist!

Stunden um Stunden klettert unser Bus bergauf und tief unten begleitet uns immer das Wasser des Ganges. Wir treffen bei einer Rast eine Gruppe Tibeter, die mir erzählen, wie sie ihr Flüchtlingsleben meisterten, und auf meine Frage, ob sie hier glücklich seien, zucken sie mit der Schulter und sagen, dies sei ihr Schicksal.

In Deoprayag vereinen sich die zwei größten Quellströme, Bhagirathi vom Westen und Alaknanda vom Osten kommend, zum Ganges. Auch dieser Punkt gilt als heiliger Platz für die Hindu. Wir folgen nun dem östlichen Quellfluß, dem Alaknanda, und erreichen langsam die dritte Klimazone. In dieser Höhe von 2- bis 3.000 Meter fällt um die Hälfte weniger Regen als in der vorhergehenden Zone. Föhren und Zedern bestimmen das Bild. Blumen gibt es fast keine, da die Nadeln der Bäume den Boden so dicht bedecken, daß die Samen keine Chance haben, sich zu entwickeln.

13

Die nächste, also vierte, Klimazone ist unser eigentliches Ziel. Sie reicht hinauf bis zum ewigen Eis des Himalaja. Es fällt bis zu zwei Meter Niederschlag, und daher gibt es außer den Nadelhölzern auch wieder Laubbäume. Erwähnen muß ich noch die fünfte Klimazone, die jenseits der hohen Eisberge liegt, also im Norden, und deshalb nur noch von wenigen Ausläufern des Monsuns erreicht wird. Entsprechend gering ist dort die Niederschlagsmenge, und das Land ist wüstenartig trocken (Ladakh).

Der Alaknanda ist durch die Enge des Tales zu einem reißenden und gefährlichen Gebirgsfluß gewachsen, der auch schon seine Opfer gefordert hat. Ein PKW der Österreichischen Botschaft kam vor einigen Jahren auf einer naßlehmigen Stelle ins Rutschen und stürzte in den Fluß. Fahrer und Fahrzeug versanken in den Fluten und wurden bis heute nicht gefunden.

Über unzählige Serpentinen, die für unseren Fahrer echte Schwerarbeit sind, erreichen wir den Endpunkt der Busfahrt, Govindghat. Ein Schild zeigt an, daß man von hier aus das „Valley of Flowers", das „Tal der Blumen", und den heiligen See Hemkund erreicht. Reist man planlos in diesem Lande mit seiner für uns unfaßbaren Ausdehnung herum, so lauert die Gefahr, in ausgetretene Spuren zu tappen, wobei allzu leicht der Reiz des Entdeckens als persönliches Erlebnis verlorengeht. Ich suche mir eigentlich selten Ziele, „die man gesehen haben muß". Es sind dies meist Dinge, zu denen man kein unbefangenes Verhältnis mehr aufbringt, zuviel hat man von ihnen schon gehört, gelesen oder abgebildet gesehen. Man ist voreingenommen im positiven oder negativen Sinne. Derartige Dinge sind sozusagen von vornherein belastet. Stehe ich zum Beispiel vor dem großartigen Taj Mahal, fällt es mir bei aller Bewunderung schwer, nicht unwillkürlich an all die bunten Postkarten zu denken, die man überall auf der Welt bekommen kann. Angesichts des in der Sonne glänzenden Marmors und der gewaltigen Architektur läßt sich leicht von hoher Kultur träumen. Aber woran man oft nicht denkt, sind die Menschen, ohne die der großartige Bau nicht dastünde. Darum finde ich immer, daß man sich nicht nur die Bauwerke anschauen soll, sondern sich auch mit den Menschen beschäftigen muß. Die Menschen verstehen lernen, betrachte ich als eine der wichtigsten Aufgaben auf Reisen. Immer wieder habe ich auf Expeditionen festgestellt, daß es gar nicht so schwierig ist, sie kennenzulernen, sobald man von der mit allen möglichen Vorurteilen gepflasterten Hauptstraße abbiegt. Gerade auf den Seitenwegen trifft man jene Personen, die für das jeweilige Land typisch sind. Wir freuen uns auf das „Tal der Blumen" mit seinen Menschen und Blumen.

Durch den Felssturz haben wir Govindghat mit einem Tag Verspätung erreicht, und unsere vorbestellten Träger haben nicht gewartet und sind in ihre Dörfer zurückgekehrt. Mit all unserem

Gepäck beziehen wir Quartier in einem einfachen Haus, ganz in der Nähe eines kleinen Postamtes, das man hier nicht erwartet hätte. Als ich nach dem Postmann rufe, öffnet sich eine winzige Holzluke, und ein freundlich lächelndes Gesicht sagt, daß es leider keine Briefmarken gäbe, aber in Josimath oder noch weiter oben, in dem einen Tagesmarsch entfernten Badrinath, würde ich sicher welche bekommen. Frankierte Briefe könne ich ihm aber geben, sie würden morgen früh weggehen. Stolz zeigt er mir dann seine Tomatenstauden, die im wilden Durcheinander in seinem Gärtlein stehen. Die Früchte sind gerade so groß wie eine Kirsche. Ich erkläre ihm, er könne viel größere Tomaten ernten, würde er die Achseltriebe entfernen. Als ich weggehe, ist bereits die ganze Familie dabei, die überflüssigen Zweige vorsichtig abzuzwicken.

Für den nächsten Morgen haben unsere indischen Begleiter eine große Trägermannschaft und einige Packpferde organisiert. Jede einzelne Last wird mit einer Federwaage abgewogen, denn die Bezahlung erfolgt nach Gewicht. Es gibt Männer, die bis zu 80 kg tragen können. Der Sirdar oder Trägerführer notiert genau, welcher Mann was und wieviel er transportiert. Um möglichst viel Geld zu verdienen, beladen sie sich bis an die äußerste Grenze ihrer Kräfte, und man muß manchmal ihrem Eifer Einhalt gebieten, um ihre Gesundheit nicht zu gefährden.

Kurz nach unserem Aufbruch entdecken wir große Mengen einer äußerst seltenen, insektenfangenden Pflanze, genannt Drosera. Setzt sich eine Mücke auf ein Blatt, schließt sich ein feiner Krallenkranz und hält das Opfer fest. Enzyme zersetzen den Tierkörper, der dann von der Pflanze absorbiert wird.

Wir sind nicht die einzigen auf diesem Pfade. Mehrmals überholen uns Träger, die statt Expeditionsgepäck, Menschen die 900 Höhenmeter hinauf schleppen, die man in etwa acht Stunden zurücklegt. Es sind wohlhabende oder körperbehinderte Pilger, die den heiligen See Hemkund besuchen wollen. Andere kommen uns mit Pferden oder Mauleseln entgegen. Am Rande des allerletzten Gebirgsdorfes ist ein Zelt aufgestellt, in dem wir heißen Tee trinken, Erbsen und in Curry getauchte Kartoffeln essen, genau wie die Leute, die hier Rast machen. Es sind Pilger, die der Sikh-Religion angehören, über die ich später noch berichten werde.

Die Häuser dieses letzten Dorfes Bhyundar sind einfach gebaut. Die Wände bestehen aus aufeinandergeschichteten Steinen ohne Mörtel, und die Dächer sind mit Stroh gedeckt. Die Monsunwolken öffnen sich nur selten. Wenn sie einmal aufreißen, sehen wir zum erstenmal den, das kleine Dorf überragenden Eisgipfel, Hathi-Parbat. Keine Telegraphendrähte begleiten uns, nichts, was uns an die Zivilisation erinnert. Ich spüre es auch an meinen Begleitern: ihre Unruhe ist weg und ebenso das Gefühl, als ob sie irgendetwas versäumen würden. Der Tag hier ist lang, ohne auch nur eine Minute langweilig zu sein. Wir beobachten die Frauen auf den Hirsefeldern oder beim Versorgen des Viehs, beides Arbeiten, die ausschließlich von Frauen verrichtet werden. Alle Felder sind zum Schutz gegen Tiere mit Steinmauern umgeben.

Am nächsten Tag um vier Uhr morgens brechen wir auf ins „Tal der Blumen". Es hat zu regnen aufgehört, doch die Wolken hängen noch so tief, daß wir die eisbedeckten Gipfel nur ahnen können. Der Forst, den wir durchwandern, unterscheidet sich sehr von den bisherigen Wäldern. Weiter unten war der Boden trocken und die Luft voller Geräusche von unzähligen Insekten, und ein feiner Duft von Harz wehte einem entgegen. Hier aber herrscht die Stille. Der Boden gurgelt vor Nässe unter unseren Schritten, und von den Bäumen hängen lange Lichenen, die Bartflechten, herab. Es ist wie in einem Märchenwald, und ich würde nicht überrascht sein, wenn plötzlich ein Gnom oder eine Elfe auftauchte. Als wir aus dem Wald herauskommen, stehen wir plötzlich vor einem „Tor", gebildet aus zwei gewaltigen Felswänden, von denen die eine wohl an die tausend Meter senkrecht aufragt. Es ist der Eingang zu jenem Tal, dessentwegen wir alle so weit angereist sind. Obwohl schon Ende August, müssen wir noch gewaltige Schneefelder überqueren, die Reste von riesigen Lawinen sind. Wir müssen hier sehr vorsichtig gehen, denn wer ausrutscht, landet unweigerlich im wild-

reißenden, eiskalten Bhyundar-Bach. Wie in einer vorausgeplanten Theaterinszenierung reißt plötzlich die dichte Wolkendecke auf, und vor uns breitet sich ein weites, kilometerlanges Tal aus. Bunte Teppiche aus hunderten der verschiedensten Gebirgsblumen, aus deren Mitte mannshohe Farne aufragen, übertreffen an Schönheit meine höchsten Erwartungen. Die Szenerie ist wie ein Wunder: blühende Matten und im Hintergrund die Eisgipfel teils klar, teils verschwommen im frühen Morgenlicht. „Tal der Blumen", welch unvergleichliches Panorama bunter Wiesen und grüner Hügel durchzogen von silberglänzenden Wassern. Eine Ruhe und ein Frieden, wie man ihn kaum noch auf unserer Erde findet. Nebelschwaden ziehen durch das Tal oder Schneeflocken hüllen die liebliche Landschaft in blendendes Weiß. Muß man sich wundern, wenn seit ferner Vergangenheit die Menschen hierher gepilgert sind und immer noch herkommen, um zu beten und Buße zu tun? In diesem zauberhaften Tal, nahe Hemkund, wo Lakshman und der Guru Govind-Singh ihre Meditationen ihrem höchsten Gott geweiht haben. Die Natur in ihrer schönsten und auch wildesten Form ist für die Menschen Beweis, daß nur hier ihre höchsten Götter wohnen können. Darin liegt die Schönheit und Anziehung dieses Tales, mit seinen riesigen Flächen unbesiedelten Landes.

Wir spüren nicht die Feuchtigkeit, die in unsere Kleider kriecht, nicht das Wasser,

Die wohl zauberhaftesten Blüten des Himalaja entfalten die Scheinmohne (Meconopsis); außer den blaublühenden Arten gibt es auch solche mit purpurroten und gelben Blüten

Nächste Seiten: Das „Tal der Blumen". Auf dieser Wiese dominiert ein rosablühender Knöterich (Polygonum macrophyllum)
Seite 20/21: Die „Blaue Blume der Romantik"(Meconopsis aculeata)
Seite 22/23: Eine der vielen Edelweißarten der asiatischen Gebirge

Pilger auf dem Weg
nach Hemkund, dem
heiligsten Platz der
Sikh, über 4.000 Meter
hoch gelegen. Alte
Leute lassen sich
hinauftragen, so
können auch sie
dieses ersehnte Ziel
erreichen

25

Die Bewohner von
Garhwal leben in
einer Höhe zwischen
3.000 und 4.000 Meter

Beschwerlich ist das
Honig holen aus den
Überhängen der Fel-
sen

Oben: Im kargen Fels
findet diese Bignonia-
cee (Incarvillea sp.)
noch Nahrung
Rechts: Die Knospe
dieser phantastischen
Blüte einer Kapernart
(Capparis sp.) wird
als Gewürz verwendet

Blauer Scheinmohn
(Meconopsis aculeata)
zwischen Nelkenwurz
(Geum); außer der
abgebildeten gelbblü-
henden Art kommen
im Himalaja auch
rosafarbene und blut-
rotblühende Arten vor

Im Himalaja gibt es
nahezu 200 verschie-
dene Primelarten
Ganz oben links:
Primula chionantha
darunter: Primula
macrophylla

Ganz oben Mitte:
Brahma Lotos (Saus-
surea obvallata)
darunter: Berghähn-
chen (Anemone nar-
cissiflora) über den
Blättern einer
Bergenia
Rechts: Blütenteppich
eines Kreuzblütlers
(cf. Cardamine sp.)

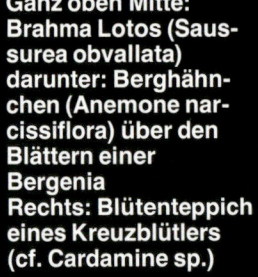

32

Blüten einer Bigno-niacee (Incarvillea sp.), Nahaufnahme von Seite 28/29

In 2.500 Meter wächst
dieser Sonnentau
(Drosera), der mit
seinen klebrigen
Drüsen ein Insekt
festhält

Nächste Seiten: Die
stark vergrößerten
Blüten vom Costus
(Costus speciosus),
einem Ingwergewächs
Südasiens

Ganz oben links: Ein
Knabenkraut (Orchis
sp.)
darunter: Ein groß-
blättriges Steinbrech-
gewächs (Bergenia
ligulata)

Ganz oben Mitte: Die
kuriosen Blüten eines
Leimkrautes (cf.
Lychnis apetala)
darunter: Eine
Wiesenorchidee (Ha-
benaria sp.)

Ganz oben rechts:
Blütenstand einer
Primel
darunter: Eine Wild-
tulpe (Tulipa edulis)

Eine der zahlreichen Salbeiarten des Himalaja (Salvia sp.)

Oben: Vielfältig sind die Enziane des Himalaja (Gentiana sp.)
Links: Himalaja-Himmelsleiter (Polemonium coeruleum var. himalayanum)

Wie überall, so sind
auch im Himalaja
Korbblütler reich ver-
treten (Ligularia sp.)

das uns in den Schuhen steht. Wir können nur staunen. Blumen, die man aus der Ferne nicht genau erkennen konnte, sind plötzlich mannshoch und stehen üppig vor uns. Das Tal ist wie ein von der Natur geschaffenes Alpinum, in dem unsere Botaniker ganz in ihrem Element sind. Primeln und Kompositen, rote und gelbe Potentillas, die mit Stacheln bewehrte Morina longifolia, Astern und Anemonen, Geranien, Butterblumen, Enzian und gelbe Lilien, entzücken unser Auge. Für die beiden Experten unter uns, Prof. Léonard und seine Assistentin von der Universität Brüssel, beginnt nun die Arbeit. Denn hier im Himalaja gibt es andere Arten von Gebirgsblumen wie in Europa, einschließlich dem bei uns so oft besungenen Edelweiß, das hier in ungezählter Menge blüht. Von morgens bis abends ist der Professor damit beschäftigt, Pflanzen zu sammeln und behutsam von jeder Sorte mehrere Exemplare in ein Herbarium zu legen und zu pressen. Ich erfahre, daß die Blumen ihre natürliche Farbe behalten, wenn man sie jeden Morgen und Abend immer wieder zwischen frisches Papier legt. Bei einigen tausend Exemplaren kann man sich vorstellen, wieviel Arbeit das ist. Arten, die dem Professor neu erscheinen, werden mit Wurzelballen ausgegraben, in Tüten verpackt und unter Angabe von Tag und Ort katalogisiert. Ich bin ein eifriger Zuschauer und kann dabei viel lernen.

Auf allen meinen Himalaja-Expeditionen halte ich Ausschau nach Spuren des sogenannten Schneemenschen oder „Yeti“. Für mich ist es ganz klar, daß es ihn nicht gibt, und daß die bisher entdeckten Spuren eine ganz andere Herkunft haben. Auch Frank Smyth ist dieser Ansicht. Als er 1931 im „Tal der Blumen“ war, entdeckte er große Spuren, die seine einheimischen Begleiter als die des Schneemenschen bezeichneten. Sie hatten entsetzliche Furcht, denn alleine der Anblick eines solchen Ungeheuers würde nach ihrem Glauben den sicheren Tod bedeuten. Die spätere Auswertung der Fotos von Smyth ergab eindeutig, daß es sich um Bärenspuren handelt. Die übernatürliche Größe der Spuren entsteht einmal durch Ausschmelzen des Schnees, meistens aber dadurch, daß der schwere Bär beim Laufen die rückwärtigen Tatzen unmittelbar an das hintere Ende der Vordertatzen setzt. So entsteht der Eindruck, daß es sich um die Spuren eines Zweibeiners handelt. Auch die Spuren, die ich gesehen habe, waren zweifelsohne die von Bären. Manchmal entdecken Expeditionsmitglieder, daß die angeblichen Spuren des „Yeti“ inmitten eines Schneefeldes zu Ende waren. Auch dafür gibt es eine ganz einfache Erklärung: es handelt sich hierbei nicht um Bärenspuren, sondern um die Eindrücke des riesigen Lämmergeiers, auch Bartadler genannt, der sich durch Hüpfen im Anlauf vom Boden in die Lüfte schwingt. Frank Smyth übrigens gilt als der Entdecker dieses blumenreichen Tales. Als er 1931 vom Mount Kamet, dem schönsten Berg dieser Region, heimkehren wollte, verirrte er sich und entdeckte dieses wunderschöne Tal und nannte es voller Begeisterung „Tal der Blumen". Er hielt sich einige Zeit dort auf und sammelte über 300 verschiedene Samen und Pflanzen für den botanischen Garten in Edinburgh. Einige Jahre später schickte Edinburgh eine Botanikerin, Miss Joan Margarette Legge, in die gleiche Gegend, um weitere Pflanzen zu sammeln. Sie hatte großes Pech: an einem schicksalshaften Morgen rutschte sie auf einem Felsen aus, stürzte in die Tiefe und starb auf der Stelle. Auf ihrer Grabplatte stehen die Worte: „Ich erhebe meine Augen zu den Bergen des Himalaja, von denen meine Kraft kommt".

Ein junges Mädchen mit dicken schwarzen Zöpfen steht mitten in diesem Blumenmeer, das wir nun tagelang durchwandern werden. Sie singt ein Lied mit ganz heller Stimme. Worte wie „Himmel", „Blumen", „Ernte" und „Götter" kommen vor. Langsam gehe ich auf sie zu, und sie hört auf zu singen. Sehr erstaunt schaut sie mich an, als ich sie auf tibetisch anspreche und doch etwas anders aussehe als die Männer aus ihrem Dörfchen. Die Sprache verbindet, und sie wird immer zutraulicher. Sie erzählt uns, daß wir genau zur richtigen Zeit gekommen sind, denn die vielen Blumen hier haben nur eine kurze Lebensdauer. Der Sommer beginnt sehr spät, und der Schnee schmilzt erst, wenn es zu sprießen beginnt. Aber jetzt steht alles in voller

Blüte. Das Wetter ist leider wieder schlechter geworden, und Fotografieren ist nur noch unter dem Regenschirm möglich. Unter Felsen und an steilen Hängen entdecken wir die wie rote Kerzen aussehenden Polygonums, welche schon von weitem als rosarote Flecken zu sehen sind. Dann, wie überall im Himalaja, wilden Rhabarber, der auf Expeditionen eine willkommene Bereicherung des Speiseplanes ist. Selten hingegen ist die stachelige Karde zu sehen. Aber eine andere Blume, mir seit frühester Kindheit vertraut, blüht in großer Zahl auf diesem alpinen Boden. Es ist eine Wulfenie mit ihren tief dunkelgrünen Blättern, die auch grün überwintern. Die Blüten sind blauviolett mit bärtigem Grund. Es ist ein merkwürdiges Gefühl: als geborener Kärntner sah ich diese Blume, Kuhtritt genannt, in der Nähe von Hermagor, dem einzigen Platz, wo sie bei uns wächst. Und nun bin ich im Himalaja und sehe ganze Flächen bedeckt mit dieser so seltenen und berühmten Pflanze. Bei uns ist sie so berühmt, daß man sie auf Briefmarken abgebildet hat, und in Hermagor am Stadtplatz steht sie in Stein gemeißelt.

Als wir glücklich und vom Sammeln und Fotografieren erschöpft in unser Hauptlager zurückkehren, überraschen uns die Träger mit einer folkloristischen Darbietung. Die „Kapelle" besteht aus einer Flöte, einer Trommel und einer Pfanne, mit der sie Spiel und Tanz religiösen Inhaltes begleiten. Die Hauptfigur ist der Schamane, der halb im Trancezustand mit Reiskörnern den Segen verteilt. Jedoch die nassen Kleider, die Müdigkeit und nicht zuletzt der Sauerstoffmangel lassen uns bald in unsere warmen Schlafsäcke kriechen.

In wenigen Tagen haben wir uns so gut akklimatisiert, daß wir größere Ausflüge machen können. Eines unserer Ziele sind Hirten, die mit ihren Herden in das „Tal der Blumen" ziehen wollen. Man berichtet uns, daß sie den großen Paß schon überschritten hätten und sich an der Schneegrenze befänden. Schon um fünf Uhr früh erreichen wir den weiten Talboden und von dort geht's durch regendurchtränkte, hohe Blumenmatten hinauf in 4.500 Meter Höhe, zu den letzten Birken. Bald bietet sich uns ein Bild, das den pfadlosen, mühsamen Anstieg mehrfach belohnt. Eine riesige Schafherde überschreitet gerade den Paß. Die ebenso große Ziegenherde ist schon etwas tiefer und hat bereits einen großen Teil des Hanges kahlgefressen. Von den Hirten werden wir freundlich begrüßt und zum Tee in ihr Zelt eingeladen. Ihre Unterkunft ist sehr primitiv, eigentlich nur eine Plane über einem Erdloch, und der vordere Teil ist sogar nur mit Birkenrinde abgedeckt. Man nennt diese Menschen nach dem Teil des Himalaja Garhwalis, die man an ihren stark semitischen Gesichtszügen erkennt. Auf meine Bitte zeigen sie uns bereitwillig ihre wenigen Gegenstände, die sie zum täglichen Leben brauchen. Vor allem ist es ein gebogenes Messer, das sie zum Schneiden, aber auch als Axt benutzen.

Seile und Schnüre werden aus Ziegenhaar gesponnen und gedreht und zum Kämmen der Wolle besitzen sie zwei Drahtbürsten.

Im vorderen Teil des stark nach Rauch riechenden Zeltes ist die Feuerstelle, neben der einige Messingtöpfe, Schälchen und eine Schöpfkelle stehen. Der einzige Luxusgegenstand ist eine alte Wasserpfeife. Liebevoll ist sie zusammengesetzt, der Kopf ist aus Ton, und damit der Tabak brennt, liegt zuoberst eine Schicht glühender Holzkohle. Der untere Teil ist aus Metall und enthält Wasser, durch das der Rauch gesogen wird.

Seit Tagen haben wir kein Fleisch mehr gegessen, und deshalb hoffen wir, daß uns die Hirten ein Schaf oder eine Ziege verkaufen. Aber trotz Geschenken und guten Preisangeboten lassen sie sich nicht überreden. Der Grund ist klar: wir befinden uns im Quellgebiet des Ganges, und da ist es für einen Hindu undenkbar, Fleisch zu verkaufen.

Wir haben genau den richtigen Zeitpunkt für unsere Expedition zu den Blumen gewählt, denn abgesehen von den Jahreszeiten würde die Pracht in wenigen Tagen von den großen Herden, die immer weiter nach unten ziehen, total kahlgefressen sein. Ein Forstbeamter hat uns voller Stolz erzählt, daß die Regierung schon Geld genehmigt habe, um das „Tal der Blumen" mit einer Mauer gegen die Herden zu schützen. Es wäre eine Katastrophe, würde die Regierung dies veranlassen, da man ja damit diesen einzigartigen Rhythmus der Natur zerstören würde. Ich glaube, wenn es keine Herden gäbe, das „Tal der Blumen" verlöre viel von seinem Zauber. Jedoch bin ich fest davon überzeugt, daß es noch viele gleich schöne Täler gibt, die unentdeckt im verborgenen blühen und deren natürliches Sterben und Erblühen vom Menschen unangetastet bleibt.

Vom Basislager in 3.000 m Höhe ausgehend ist unser nächstes Ziel Hemkund, der heilige Platz der Sikh. Wir mieten Reitpferde, aber über große Strecken müssen wir absteigen, da die Felsen zu schlüpfrig sind und auf den großen, steilen Schneefeldern das Reiten sowieso zu gefährlich ist. Hinzu kommt, daß die einfachen Holzsättel für den ungeübten Körperteil viel zu hart sind. 1.061 Steinstufen führen uns schließlich zu unserem Tagesziel – Hemkund.

Jeder Angehörige der Sikh-Religion, der in der Lage ist, die Strapazen auf sich zu nehmen, pilgert wenigstens einmal im Leben nach Hemkund, um dort den kleinen Tempel zu besuchen, in dem der 10. Guru, d. h. Meister und Lehrer, Govind-Singh, lebte und lehrte. Der Stein, der ihm als Sitz diente, ist von dem raumbeherrschenden Altar, auf den das heilige Buch gebettet ist, überbaut und dadurch nicht sichtbar. Das Ritual der Sikh beginnt mit einem Bad im Goldenen See, dessen Wasser eiskalt ist, da es ja von den Gletschern kommt. Jeder Sikh behält auch im Wasser jene fünf Insignien bei sich, die er verpflichtet ist,

immer am Körper zu tragen. Ich lasse sie mir von einem gebildeten Sikh erklären, und da die Demonstration auf dem Tempelgelände stattfindet, muß ich als Kopfbedeckung ein kleines, gelbes Tuch umbinden. Da der Name aller fünf Zeichen mit „K" beginnt, nennt man sie auch die „5 K's" oder „Kakas". Es sind: der Eisen-Armreif = Kara, das nie geschnittene Haar = Kesh, der Kamm = Kanga, die weiße Hose = Kach und der Dolch = Kirpan. Trotz der vielen Pilger erinnert dieser Ort etwas an Mönchseinsamkeit, und wenn mein freundlicher Sikh mir zuerst nur ungefähr einen Umriß seiner Religion gegeben hat, so geht er jetzt auf Einzelheiten ein. Er spricht vom Sikhismus, seinen Gesetzen, seiner Geschichte, von Tempeln, von allem Großen, wobei er nicht mit Zitaten seiner heiligsten Gurus geizt. Ich höre ihm gebannt zu und gewinne die Überzeugung, daß er aus einer tiefen Sicherheit des Glaubens heraus spricht, alles klingt harmonisch und voller Frieden. Er spricht von seiner Tradition, die trotz der Jahre, auf die sie zurückgeht, höchst lebendig und wirksam ist, ihn stolz und glücklich macht. Fast zwei Stunden sind vergangen, ohne daß er seinen Redefluß unterbrochen hat. „Das ist der Sikhismus", sagt er zusammenfassend, „und er ist Indien. Und in diesem Land befinden wir uns, mit allen Leistungen unserer Kultur, von der legendenhaften Vergangenheit bis zur Gegenwart." Dabei schaut er mich mit großen, dunklen Augen an, als wolle er mich fragen, ob mich dieses Bewußtsein nicht auch erschauern lasse. Im Hintergrund kläfft einer der Apsohunde, und dies irdische Geräusch bringt mich in die Wirklichkeit zurück. Ich gehe zum Verwalter des Tempelgeländes, um meine Spende zu zahlen, die hier jeder entrichten soll. Ich erhalte dafür gesegneten Teig, der sehr süß schmeckt. Etwas verblüfft war ich, als er nach meiner Spende von 100 Rps. noch eine weitere Rupie verlangte. Die Erklärung dafür gab er mir sogleich. Vor allem ist es ein gutes Omen und begünstigt Reichtum, zum anderen könne man immer sagen, man habe mehr als 100 Rps. gespendet, oder mehr als 50 Rps., wenn man 101 bzw. 51 Rps. bezahlt. Der größte Teil des eingenommenen Geldes findet Verwendung beim Bau einer neuen Tempelanlage hier oben in 4.000 Meter Höhe. Dazu werden keinerlei Maschinen verwendet, alles wird mit der Hand gemacht. Das Baumaterial, das sind Tausende von Tonnen, wird auf Menschenrücken über 2.000 Meter Höhenunterschied heraufgetragen. 1.200 Tonnen Zement und 90 Tonnen Eisen nehmen u. a. diesen beschwerlichen Weg. Man plant noch eine zwei Meter starke Mauer rund um die gesamte Tempelanlage, um sie vor Lawinen zu schützen. Mittelpunkt des neuen Baues ist der Stein, auf dem der 10. Guru meditierte, er soll von einer Glaskugel, für jedermann sichtbar, überdacht werden. Auch daß der Altar mit einer Lotosblüte geschmückt ist, hat seinen Grund. Als der 10. Guru, Meister und Lehrer der Sikh, Govind-Singh, hier lebte, fand ein Kampf zwischen Gut und Böse statt. Durch die Gebete des Meisters siegte das Gute, und als Belohnung ließ der Gott Brahma diese Blumen vom Himmel regnen. Man nennt sie daher Brahma-Lotos, und sie sind den Sikh heilig. Der Tempelwärter meint, daß die Saussurea obvallata deshalb nur in dieser Gegend blühe.

Am späten Nachmittag, als kaum noch Menschen beim Tempel sind, gehe ich noch einmal dorthin. Ich befolge die fünf Vorschriften, an die durch Tafeln erinnert wird: Man darf keinen Tabak, keinen Alkohol und keine Narkotikas mit sich führen. Schuhe, Stöcke und Schirme müssen abgelegt werden, und gebrauchte Socken muß man ausziehen. Hat man keine neuen dabei und will den Tempel barfüßig betreten, muß man die Füße vorher waschen. Und schließlich muß jeder eine Kopfbedeckung tragen. Die Annehmlichkeiten eines kleinen Zeltes liegen nicht zuletzt darin, daß man ungestört und alleine ist. Für mich bedeutet es heute Abend, all das in mein Tagebuch einzutragen, was mir der Sikh am Goldenen See erzählt hat: Der Sikhismus wurde vor 500 Jahren vom Guru Nanak aus Protest gegen die Hindu-Religion gegründet. Er ist eine Mischung aus Islam und Hinduismus, vervollkommnet mit neuen Erkenntnissen der Gurus. Diese Gründung fand zur gleichen Zeit statt, als auch Calvin, Zwingli und Luther in Europa als Reformatoren wirkten. Es war die Blütezeit der Renaissance und Vasco da Gama, Magellan und Columbus fuhren auf den Weltmeeren, neue Länder und Völker zu entdecken. Eine große Zeit der Erneuerungen und Entdeckungen.

Auch Guru Nanak unternahm große Reisen. Vierzig Jahre lang wanderte er kreuz und quer durch Indien, um seine Botschaft zu verkünden. Wo immer er Menschen traf, predigte er den Glauben von nur einem Gott der ganzen Menschheit. Welchen Namen er auch trägt, Rama, Allah, etc., er ist der eine Einzige, gestaltenlos, unsichtbar, ein nicht geschaffener Schöpfer, furchtlos und freundlich, groß und unendlich. Man erzählt sich eine Geschichte von ihm, die in Mekka passierte: Müde von langer Reise war er auf einer Wiese eingeschlafen, die Füße gegen den Tempel gerichtet. Wütend weckten ihn einige Pilger, was ihm denn einfiele, die Füße gegen das Haus Gottes zu richten. Ruhig antwortete er: „Dreht meine Füße in die Richtung, wo Gott nicht ist!" „Gott ist überall!" antworteten die Pilger. Und er erinnerte sie an das Wort Mohammeds: „Wo immer Du Dich auch hinwendest, ist das Gesicht Allahs".

Es gibt im Sikhismus keine berufliche Priesterschaft. Die religiösen Riten können gleichermaßen von Männern und Frauen ausgeübt werden. Eine Ausnahme sind Sänger und Leser, die man engagieren kann. Der Sikhismus verurteilt das Kastenwesen des Hinduismus und die Unterdrückung der Frauen bei den Mohammedanern. Ab-

bilder Gottes, figürliche Idole, gibt es nicht. Der verehrungswürdigste Gegenstand ist der Granth, das heilige Buch. In ihm sind die wichtigsten Aussagen der zehn Gurus der Sikh zusammengefaßt. Man erwartet, daß jeder Sikh ein vorbildliches Leben führt, häufig betet und an Gott denkt. Er soll nicht rauchen und keinen Alkohol trinken. Eine Familie zu gründen und Kinder zu haben gehört zu den Tugenden, und sobald die Buben und auch die Mädchen ins Pubertätsalter kommen, werden sie getauft und dürfen nun die fünf K's tragen. Außerdem dürfen die Buben jetzt ihrem eigenen Namen das Wort „Singh" hinzufügen, was „Löwe" heißt. Es gibt etwa zehn Millionen Sikh.

Der Gottesdienst wird nach genau vorgeschriebenen Regeln abgehalten. Zum Beispiel ist ein einziger Mann, der einen Wedel aus Yakhaaren hält, während des Gottesdienstes nur damit beschäftigt, alles Unreine vom heiligen Buch fernzuhalten. Ist die Lesung vorüber, wird der Granth liebevoll in kostbare Brokat- und Seidentücher gehüllt und ein Tempelhüter, mit einem Schwert bewaffnet, öffnet die Vorhänge eines „Bettes", das von einem Baldachin überdacht ist. Es ist rührend anzuschauen, wie nun in einer kleinen Prozession der Vorleser behutsam das Buch in sein Bett legt.

Bis zum 17. Jahrhundert waren die Sikh eine glaubensstarke, vor allem aber friedliche Gemeinschaft. Leider versuchten die mohammedanischen Herrscher, die Moghuls, immer wieder voller

Fanatismus, die Sikh zu ihrem Glauben zu bekehren. Während dieser Glaubenskämpfe mußten die Sikh geradezu unvorstellbare Grausamkeiten erdulden. Auch der 9. Guru, Tegbahadur, der versucht hatte, organisierten Widerstand zu leisten, wurde von den Moghuls vor die Alternative gestellt, entweder Mohammedaner zu werden, oder seinen Kopf zu verlieren. Da er sich nicht beugte, wurde er am 11. November 1675 in Delhi hingerichtet. Einer seiner Anhänger, so berichtet die Geschichte, stahl den Kopf und brachte ihn unter Lebensgefahr nach Anandpur zu seinem Sohn Govind-Singh, der Nachfolger seines berühmten Vaters wurde. Unter dem Druck der Verhältnisse wandelte Govind-Singh die Sikh in eine militante religiöse Gemeinschaft um, was ihm den Namen „Soldaten-Guru" eintrug. Sein irdisches Leben war vom Kampf und Leid geprägt. Seine beiden ältesten Söhne verlor er in Schlachten gegen die muselmanischen Heerscharen. Die beiden Jüngsten, noch Kinder, wurden gefangengenommen und bei lebendigem Leib eingemauert. Ihr Grabmal steht auf den alten Schlachtfeldern. Nachdem Govind-Singh auf so tragische Weise alle Kinder verloren hatte, faßte er den Entschluß, mit ihm, dem 10. Guru, die weitere Nachfolge zu beenden. Von nun an ist der Granth, das heilige Buch, der „unsterbliche Guru" aller Sikh und als solcher alleine zu verehren. Den Kopf seines Vaters ließ er in Anandpur beisetzen. Er selbst verlor im Jahre 1708 sein Leben durch ein Attentat. Aber immer noch erinnern seine Waffen, die als heilig verehrt werden, an diesen großen Guru. Hemkund, diesen malerischen Platz, umgeben von sieben schönen Hügeln, liebte er über alles und widmete ihm diese Verse:

„Hemkund Parwat Hai Jahan Saptasrings,
Sowat hai suptsringa tihi nam Kahawa,
Pandüraj tihi nam Kahawa".
(„Dort – nahe der Berge, wo die sieben Quellen schlafen, steht das heilige Wasser in seinem Behälter. Er trägt auch den Namen Panduraj.")

Und auch wir durften erfahren, wie schnell alle Mühen des Aufstiegs vergessen sind, wenn man vor dieser faszinierenden Kulisse steht, mit all den üppig und farbenfroh blühenden Hängen. Hatte man auch noch die vielen Stufen überwunden, konnte man bei einer Tasse heißem Tee nur noch genießen.

Die militärische Tradition der Sikh hat sich bis auf den heutigen Tag erhalten. In der indischen Armee zeichneten sie sich immer durch besondere Tapferkeit aus und daher haben sie auch einen besonders großen Anteil am Offizierskorps aller Waffengattungen, insbesondere bei der Luftwaffe.

Auch die Engländer wußten ihre soldatischen Eigenschaften zu nutzen und setzten in den beiden Weltkriegen Sikh-Regimenter in vorderster Front ein. Andererseits waren es die Sikh, welche sich immer wieder der englischen Kolonial-

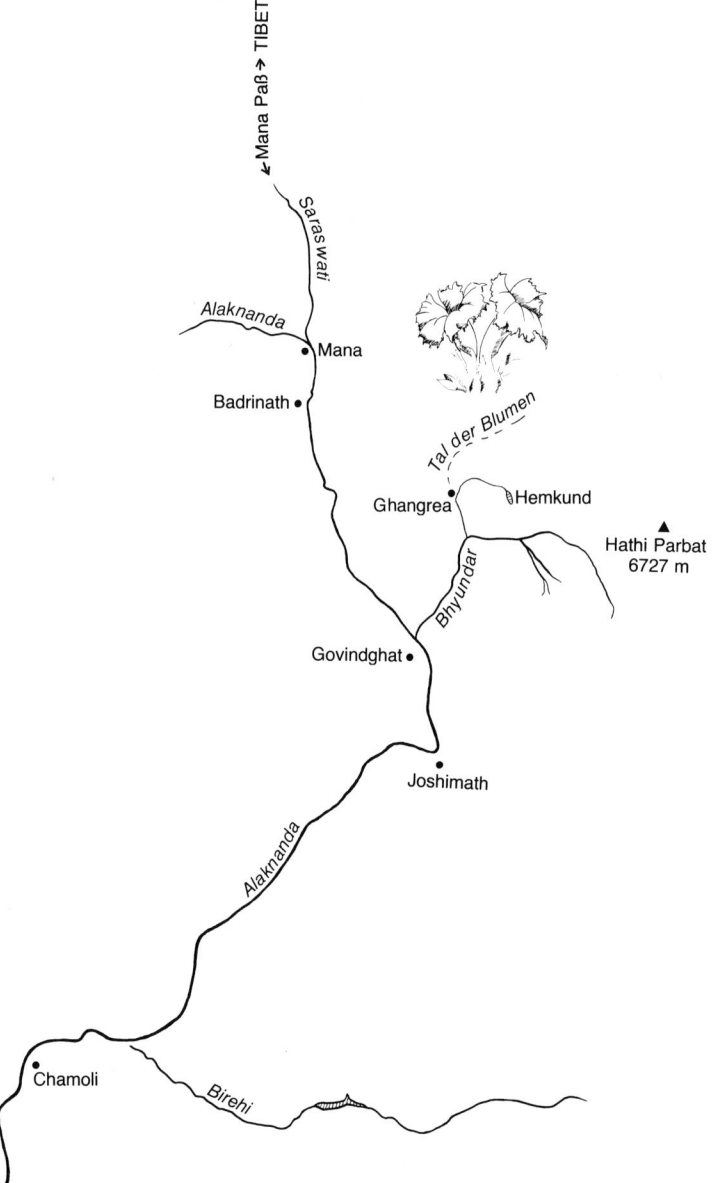

macht widersetzten und ihnen viele Schwierigkeiten bereiteten. Sie nahmen schon immer hohe und außergewöhnliche Positionen ein. Der Indienreisende begegnet ihnen überall und erkennt sie nicht nur an ihren Bärten, sondern auch an ihren wunderschönen, farbigen Turbanen. Sie gelten als die besten Bus- und Taxifahrer, Mechaniker und Tischler und zeichnen sich durch besondere Zuverlässigkeit aus. Selbst die Großbanken in Hongkong und London stellen mit Vorliebe Sikh als Wächter an. Bei den Asien-Spielen werden meistens alle Medaillen, die Indien erringt, von den Sikh gewonnen und die Hälfte sämtlicher indischen Leichtathletikrekorde wird von ihnen gehalten.

Jene Sikh, die nicht die körperlichen Kräfte für eine Pilgerfahrt nach Hemkund besitzen, gehen nach Amritsar. Es ist das politische und religiöse Zentrum der Sikh, aber trotz aller Größe und Schönheit kann es nicht mit dem Zauber, der Hemkund umgibt, verglichen werden. Die tiefe Gläubigkeit der Sikh ist eindrucksvoll, und ich weiß, daß es viele Wege gibt, den inneren Frieden zu finden – ich habe ihn hier im „Tal der Blumen" gefunden.

Kleiner Rinpotsche
aus Bhutan inmitten
eines Weihnachts-
sterns. Der aus dem
tropischen Amerika
stammende Weih-
nachtsstern wird auch
in den Dörfern des
Himalaja gerne als
Zierpflanze gezogen

49

Ganz links: Mönch
vor der Höhle des
Padmesambhava in
Sikkim
daneben: Ein Lama
meißelt Götterstatuen
und Gebetsformeln
als Votivgaben

Blütenstand einer
epiphytischen Orchi-
dee (Renanthera
imschootiana)

Mädchen aus dem
Stamme der Leptscha,
der Ureinwohner Sik-
kims

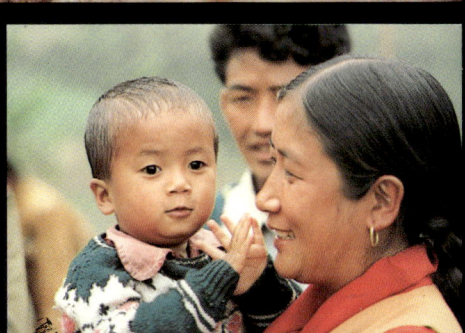

z oben links: Eine
ne wäscht ihre
de in „fließendem
ser"
z oben Mitte: Ein
amane vom Lept-
-Stamm mit
vert und Schild
rancezustand
: Gebetsfahnen
inem Bergrücken
200 Meter Höhe
er Grenze Sikkim
pal

Ganz oben rechts:
Eine Frau im Trance-
zustand, die als Ora-
kel befragt wird
Oben: Die Heilige
Maske des Gottes
Kangtschendzönga
Links: Sikkim – Frau
mit Kind

Kangtschendzönga,
der dritthöchste Berg
der Welt, vom Kloster
Pemajangtse aus
gesehen

54

Durch die Regenwäl-
der von Bhutan und
Sikkim führt der Weg
hinauf zu den Alm-
wiesen

Sikkim,
Land der
Orchideen,
Rhododendren
und Eisberge

Es ist Frühling. Die Morgensonne leuchtet strahlend hell und der frische Wind hat die Wolken aufgerissen, so daß ich den weißen Gipfel des alles beherrschenden Kangtschendzönga ganz klar erkennen kann. Braungrün ist die hügelige Landschaft davor. Feld reiht sich an Feld, so weit das Auge blickt. Die Äcker sind neu bestellt, wenn auch darauf noch keine zarte Saatfarbe schimmert. In ein paar Wochen wird alles anders aussehen, grüner und frischer. Die Ackerfurchen der in Terrassen angelegten Felder wirken wunderbar sauber. Schnurgerade ziehen sich die Furchen dahin, nur hier und da machen sie einen kleinen Bogen, wenn die steilen Hänge von Bächen durchzogen sind.

Ich bin seit gestern abend in Gangtok, der Hauptstadt von Sikkim, mit dem Ziel, die Menschen und Blumen dieses liebenswerten Bergstaates der Indischen Union zu sehen und zu fotografieren. Geographisch liegt Sikkim zwischen Nepal im Westen und Tibet im Osten. Tibet, für viele Jahre meine zweite Heimat, ist inzwischen von den Chinesen besetzt, aber die tibetische Kultur hat sich schon seit Jahrhunderten über die alten Staatsgrenzen hinweg ausgebreitet und sich in Sikkim bis zum heutigen Tage erhalten.

Die Tibeter nennen Sikkim „Drendschong", das heißt „Reistal" und in Sanskrit, der alten indischen Sprache, bedeutet es so viel wie „Bergland". Beides sind zutreffende Bezeichnungen. Bis 1975 wurde dieses kleine, nur 7.300 qkm große Land von einem König regiert, dem Tschögyal oder „Religionskönig". Obwohl er inzwischen abgesetzt wurde, lebt er noch heute friedlich und geachtet in seinem ehemaligen Palast. Etwa ein Zehntel der Bevölkerung lebt in Gangtok, nicht nur Hauptstadt, sondern auch Sitz der Landesregierung und sämtlicher Verwaltungsbehörden.

Die Häuser Gangtoks liegen über den steilen Hängen in einer Höhe von 1.800 Metern verstreut, und um von der unteren Stadt in die obere zu gelangen, bedarf es fast der Kondition eines Bergsteigers. Was dem Besucher sofort auffällt, ist die Vielfalt von Völkern und Rassen, die hier auf kleinstem Raum friedlich miteinander leben. Die Mehrheit der 300.000 Einwohner bilden die eingewanderten Nepali, es folgen an die 45.000 Tibeter und etwa gleich viele Leptschas, die Urbevölkerung des Landes, zahlenmäßig unbedeutend sind die Inder und Bhutaner.

Die Leptschas sind kleinwüchsige, kräftige Menschen, die früher zu der großen ethnologischen Gruppe der Sammler und Jäger gehört haben. Manchmal nennt man sie auch Rongpa, was man mit „Schluchtenbewohner" übersetzen kann. Sie haben sehr gute Charaktereigenschaften, sind bescheiden, gewissenhaft und sehr mit der Natur verbunden. Sie sind Anhänger der vorbuddhistischen Religion, und daher glauben sie noch an gute und böse Naturgeister. Sie sind geschickte Handwerker und fertigen hübsche Flecht- und Korbwaren an.

Obwohl es Sitte ist, ein Messer zu tragen, benutzen sie es nie als Waffe, denn sie sind friedliebende Menschen, die jegliche Art von Streit verabscheuen. Dank ihrer wachen Intelligenz sind die Leptschas voll im Staate integriert und sogar schon in der Verwaltung bis hinauf zum Landesminister tätig.

Ich selbst habe es noch erlebt, daß früher der wichtigste Handelsweg von Indien über Sikkim nach Lhasa, der tibetischen Hauptstadt, führte. Die Karawanen waren wochenlang unterwegs, brachten aus Indien Tee, Baumwollstoffe, Rohzucker, Petroleum und andere „Luxusgüter" mit. In umgekehrter Richtung transportierten sie aus Tibet Salz und jährlich an die hunderttausend Ballen Schafwolle nach Indien. Trotz der Schließung dieses Karawanenweges durch China ist Gangtok auch heute noch ein wichtiger Handelsplatz. Man beobachtet dies täglich im Bazar, wo ein reges Treiben herrscht und täglich viele Waren ent- und umgeladen werden. Da es keine Eisenbahnen und keine Flugverbindungen zu diesem Himalayastaat gibt, sind Busse und Lastwagen die einzigen modernen Transportmöglichkeiten. Doch auch auf sie kann man sich nicht immer verlassen, da durch die extremen Witterungsverhältnisse die Straßen oft unpassierbar sind. Zu vielen Ortschaften führt ohnehin keine Straße. So bleibt die Karawane oder der menschliche Rücken für Transporte unentbehrlich. Für unsere Begriffe eine unvorstellbare Fronarbeit, aber für die Menschen dort eine

Möglichkeit, einige Rupies zu verdienen. Und wieder einmal wird mir klar, was in diesem Riesenland Indien am nötigsten ist: es sind die Verkehrswege, ohne die keine richtige Verwaltung möglich ist.

Bevor wir uns auf die Suche nach Rhododendren, Orchideen und dem gelben Mohn machen, besuchen wir einen Tag lang das größte Kloster Sikkims, Rumthek. Es ist erst 1969 nach dem Vorbild eines tibetischen Klosters in der Nähe Lhasas neu erbaut worden. In seinen Mauern residiert der hochangesehene Karma Rinpotsche, ein modern denkender, geschäftstüchtiger buddhistischer Geistlicher, der sich viel im Ausland aufhält, wo er Meditationszentren eingerichtet hat und eine große Anhängerschar besitzt. Daß sich dieser missionierende Eifer auch in bares Geld umgesetzt hat, erkennt man an der reichen Ausstattung der Klosteranlage. Wohin man schaut prächtige Verzierungen und vergoldete Symbole wie die Rehe, die das Lebensrad anbeten, oder die zahlreichen geschnitzten Schneelöwen, das Wappentier der Tibeter.

Der letzte Besuch vor unserem „Trekking" gilt einer alten Frau, deren hellseherische Fähigkeiten weitum bekannt sind. Sie sitzt mit verschränkten Beinen auf dem Boden und vor ihr, auf einem niedrigen Tisch, stehen in vorgeschriebener Anordnung Schalen mit Tee, dem berühmten Tschang (Bier), Schnaps, Milch, Gerstenmehl und Reis. Außerdem bunte Blumen, Bananen, Bonbons, zwei Butterlampen und eine kleine

Fahne mit einem Spiegel. Aus einem alten, blauen Blechkoffer holt sie bunte Seidentücher und zwei verschiedene Hüte voller Bänder und kleidet sich damit ein. Betend und rhythmisch eine Trommel schlagend, versetzt sie sich in Trance. Sie hat uns vorher angekündigt, daß sie mit sieben Göttern Kontakt aufnehmen will, die nacheinander von ihr Besitz ergreifen und aus ihr sprechen werden. Sie wiegt ihren Körper hin und her, spricht die Gebete, wechselt die Kopfbedeckung und trinkt das jeweils für einen Gott bestimmte Getränk. Zum Beispiel fährt nach dem Verspeisen der Banane eine Dorfgöttin in die Frau, welche unterhalb des Kangtschendzönga lebt. Jedesmal, wenn einer der Götter von ihr Besitz ergreift, verdreht sie fürchterlich die Augen und lächelt irr und geistesabwesend. Mit sechs der sieben Gottheiten gelang die Zwiesprache, nur der LHÜ, der Schlangengott, der unter der Erde lebt, verweigerte die Begegnung, obwohl die Alte mehrmals sein Getränk, die Milch, zu sich nahm. Am Ende der Sitzung, schon etwas erschöpft, segnet sie eine Handvoll Reiskörner und übergibt sie mir mit dem Auftrag, sie im letzten Tempel auf dem Wege zum Kangtschendzönga zu opfern. Dann würden unsere Wünsche in Erfüllung gehen.

Und sie gehen in Erfüllung, als wir die ersten von über viertausend Pflanzenarten sehen, die Sikkim zu einem Garten Eden machen. Fast fünfhundert verschiedene Orchideenarten gibt es hier, und damit zählt das kleine Land Sikkim zu den orchideenreichsten Gegenden der Welt. Orchideen – hört man das Wort, so denkt man an bizarre Formen und Farben, an Orchideenjäger, die in den dunklen Urwäldern nach dieser kostbaren Blume suchen. Leicht finden wir die zartduftende Bodenorchidee oder Cymbidie, aber nur schwer entdecken wir die in den Wipfeln hoher Bäume versteckte Orchideen, die der Botaniker als Epiphyten bezeichnet. Ihre farbenprächtigen, duftenden Zwitterblüten, von deren drei inneren Blütenhüllenblättern eines meist lippenförmig und gesport ist, drehen sich im Bereich des unterständigen Fruchtknotens um 180 Grad – ein Vorgang, der wesentlich zum bizarren Zauber der Orchidee beiträgt. Zum Keimen brauchen Orchideen die Symbiose mit Pilzen. Erst 1904 entdeckte man, daß ohne diesen Wurzelpilz – jede Art hat ihren eigenen – die Orchidee weder entstehen noch existieren kann. Die winzigen, staubförmigen Samen werden von diesen Pilzen bestreut, bis sie sich ausstreuen, zehn- bis hunderttausende Samen aus einer Frucht. Das Ergebnis feiert vor unseren Augen Triumphe der Schönheit. Wir können nur schauen und genießen, was die Natur uns darbietet. Müßig, sich nach neuen Orchideen umzuschauen, denn nur das geübte Auge des Botanikers oder Orchideenjägers findet im dichten Dschungel die gesuchte oder gar eine neue Art.

Der Ketschuperi-See ist für die Buddhisten ihr Pilgerziel, ihr heiliger Lotossee. Während der Wintermonate kommen viele Gläubige an seine Ufer, denn es gibt dort keinen Schnee, und vor allem werden sie dort nicht von Insekten und Blutegeln geplagt, da der Winter hier die Trockenzeit ist. Der See ist umgeben von gewaltigen Eichen und tausenden Gebetsfahnen. In der völligen Einsamkeit dieses Ortes sitzt nur ein junges Hirtenmädchen vom Stamme der Tsong im Schutze eines hohlen Baumes. Meine Begleiter waren gläubige Buddhisten und huldigten ihrem Gott am Ufer des Sees. Sie sammelten trockene Azaleenblätter und Zweige, um damit ein Weihrauchfeuer zu entfachen. Dann beträufelten sie ihr Haupt mit Seewasser und tranken ein paar Schlucke davon.

Die Stille des Ortes wird nur von Zeit zu Zeit durch das Zwitschern und Singen der vielen Vögel unterbrochen. Stille auch auf der glatten Oberfläche des Sees, auf der nicht ein einziges Blatt der vielen am Ufer wachsenden Laubbäume schwimmt. Als ich mich darüber wundere, erklärt mir Akula, mein tibetischer Freund und Begleiter vieler Touren, daß jedes Blatt, das hineinfällt, sofort von einem der vielen Vögel entfernt wird, um den heiligen See sauber zu halten. Eine schöne Vorstellung: Mensch und Tier im Dienste ihres Gottes.

Vom See aus ist es nicht mehr weit nach Yuksam, dem Ort, der übersetzt den schönen Namen „Die drei weisen Männer" trägt. Man erzählt sich die Geschichte, daß drei verehrungswürdige, buddhistische Lamas, aus verschiedenen Richtungen kommend, an diesem Platz, wo heute zur Erinnerung ein mächtiger Stupa steht, zusammentrafen. Sie überlegten, wie sie die damals noch heidnischen Ureinwohner des Dorfes wohl bekehren könnten. Obwohl sie die gute Idee hatten, einen weltlichen und einen religiösen Herrscher einzusetzen, dauerte es nochmals über hundert Jahre, bis im Jahr 1604 ein weltlicher und ein religiöser König die Geschichte Sikkims leitete. Der Herrscher, dessen Thron aus Stein heute noch zu sehen ist, hieß Gyalwa-Lhatsün-Tschenpo, und er genießt als Gründer des Buddhismus in Sikkim im ganzen Land große Verehrung. Gleich neben dem Thron ragt ein kleiner Fels aus dem Boden, in dem man deutlich den Fußabdruck erkennt, der nach der Legende von diesem König stammen soll.

Für den Nachmittag hat sich der Schamane des Dorfes bei uns angesagt. Wahrscheinlich haben ihn unsere Träger dazu aufgefordert, um von ihm zu erfahren, wie die Götter und Dämonen auf unsere bevorstehende Tour in die Berge reagieren würden. Dieser Glaube an die Kraft und seherische Fähigkeit der Schamanen ist ein Überbleibsel aus der Zeit der Naturreligion. Hat man einmal diese Gegend besucht, kann man die Gefühle der Träger verstehen. Die gewaltigen, eisbedeckten Gipfel, auf denen die Götter thronen, die riesigen Bäume im dunklen Dschungel, die engen Schluchten, durch die undurchsichtige

61

Nebelschwaden ziehen, können ihre furchterweckende Wirkung nicht verfehlen. So warte ich mit ihnen gemeinsam auf die Worte des Schamanen. Die Zeremonie beginnt mit dem Aufstellen eines kleinen Altares. Die beiden Helfer des Schamanen legen ihm bunte Bänder, die mit Kaurischnecken bestickt sind, an und binden ihm ein Kopftuch um, das sie mit Federn schmücken. Erst langsam, dann immer nachdrücklicher, beginnt er auf eine Trommel mit den Händen zu schlagen, bis er in Trance verfällt. Damit dieser Zustand schneller eintritt, hat er kräftig dem wohlschmeckenden und starken Hirsebier zugesprochen. Zwei weitere der handwerklich schönen Bambuszylinder stehen, bis an den Rand mit Bier gefüllt, schon bereit. Ist endlich der Geist in ihn gefahren, wechselt er die Trommel gegen Schild und Schwert, um damit die bösen Dämonen zu bekämpfen. Nicht nur unsere Träger mit ihren Familienangehörigen schauen aufmerksam zu, inzwischen hat sich das ganze Dorf versammelt, um andachtsvoll dem Schamanen zu lauschen. Als er dann, allerdings in trunkenem Zustand, der Länge nach hinfällt, gibt es mehr belustigte als gläubige Gesichter. Ich selber bin zusammen mit den Trägern zufrieden, als er am Schluß der langen Sitzung erklärt, daß er alle bösen Geister besiegt habe und sie ohne Gefahr meine kleine Expedition begleiten könnten. Froh über diese beruhigende Entscheidung sehen wir noch einigen Volkstänzen zu. Neben lokalen Tänzen der hauptsächlich hier lebenden Ureinwohner vom Stamme der Tsong und Leptscha, rührt uns ein Tanz der eingewanderten Nepali, die ihre Liebe zur alten Heimat besingen und den geliebten Platz am Fuße der Himalajaberge, dem legendären Sitz ihrer Götter, wo die Quellen ihrer lebensspendenden Flüsse entspringen, die ihnen das kostbare Wasser schenken.

Am nächsten Morgen brechen wir zu unserem Marsch nach Dzongri auf. Bis dahin sind noch 2.500 Höhenmeter zu überwinden. Nach einer Stunde erreichen wir den tropischen Regenwald. Es ist bereits Mitte September, da aber die Monsunzeit noch nicht zu Ende ist, erschweren uns starke Regenfälle das Vorwärtskommen. Der Boden ist völlig aufgeweicht – immerhin waren in diesem Jahr schon vier Meter Niederschlag gefallen – und wir müssen uns Mühe geben, nicht bei jedem Schritt bis zum Fußknöchel einzusinken. Wir sind bis auf die Haut durchnäßt, und von meinem Filzhut, der enger und enger wird und meine Stirn einschnürt, fließt es in Bächen herunter, über Nase und Ohren in den Kragen hinein. Anfänglich ist es ein unangenehmes Gefühl, aber inzwischen habe ich mich daran gewöhnt und empfinde selbst den Regen in dieser herrlichen Landschaft als schön. Vergessen sind Staub und Abgase unserer Zivilisation – es ist, als würde man selbst neu eingepflanzt in diese gute, saubere Erde, die so würzig duftet nach Holz und grünen Pflanzen. Kletterpflanzen und Lianen erreichen in dieser feuchten Luft ungeahnte Ausmaße. Orchideen und Farne haben während der Regenperiode ihre beste Zeit und mit ihrer Pracht entschädigen sie uns dafür, daß auch in der Nacht im Zelt die Kleider nicht ganz trocken werden. Weiter geht es Schlucht auf, Schlucht ab, und was man an Höhe auf der einen Seite gewinnt, geht auf der anderen wieder verloren. Aber unser tüchtiger Koch eilt uns stets weit voraus, sodaß wir immer wieder, mitten im tropischen Regenwald, von einem kleinen Feuer und stärkendem, heißem Tee empfangen werden. Einmal, während solch einer Teerast, erzählen unsere Begleiter von einem jungen Lastenträger, der gerade an dieser Stelle in der Dämmerung von einem Himalaja-Bären angefallen und schwer verletzt worden war. Als die Geschichte beendet ist und wir aufbrechen wollen, da entdecken wir nicht weit von uns einen Bären, der uns zu beobachten scheint. Wir brauchen aber zum Glück weder Mut noch Tapferkeit beweisen: als wir uns bewegen, flüchtet er mit einem tollkühnen Sprung in die Tiefe.

Nicht so gefährlich, aber doch sehr lästig sind die Blutegel, die in der Feuchtigkeit leben und alle Warmblütler gierig überfallen. Ihre raupenartige Bewegung ermöglicht es ihnen, schnell an das Opfer heranzukommen, aber sie lassen sich auch von Bäumen fallen oder lauern auf Gräsern. Da sie winzig klein sind, können sie durch fast jede Öffnung kriechen, selbst durch Reißverschlüsse finden sie ihren Weg zur Haut, wo sie sich sofort festsaugen. So ekelhaft sie am Anfang erscheinen, schließlich gewöhnt man sich an sie genauso wie es die Einheimischen schon lange tun. Ja, die Bevölkerung weiß sogar aus ihnen Nutzen zu ziehen. Die vollgesogenen Egel werden von Ziegen, Schafen oder Kühen abgenommen und gekocht. Die kleinen „Blutwürstchen" werden gewürzt, gebraten und mit Reis verspeist.

Tausend Höhenmeter haben wir inzwischen zurückgelegt, und immer noch steigen wir im regennassen Tropenwald bergauf. Mit uns die Träger mit ihren Lasten, die sie so klaglos schleppen, wie die Garhwali im Tal der Blumen, die reiche Pilger stundenlang zum heiligen Hemkund-See bergauf tragen. Mitleid, Mitempfinden mit dieser körperlich schweren Arbeit ist, glaube ich, in Indien nicht am Platze. Nicht weil die Inder, Nepali, Sikkimer keine gleichwertigen Menschen sind, mit denen sich menschliche Gefühle und Beziehungen nicht anknüpfen lassen. Nein! Nur die soziale Anschauung ist in diesen Ländern anders. Der Lebenskampf ist viel härter und brutaler. Er stellt mehr Ansprüche an den einzelnen. Der Träger im Tal der Blumen, der Träger hier in 3.000 Meter Höhe, erwartet jetzt von mir kein gutes oder mitleidiges Herz. Er steht nüchterner in der Welt der Wirklichkeit, die hier härtere Bedingungen aufzuweisen hat als bei uns. Dem Träger ist es lieber, ich nütze ihn Tag für Tag, gebe ihm genug Lasten zu tragen, so kann er auf einige Rupien mehr hoffen als ausgemacht, und die benötigt er. Jede Rupie, die man ihm mehr zahlt, bedeutet für ihn mehr soziales Verständnis, und das ist keine materielle Selbstsucht von ihm. Im Gegenteil, er freut sich, daß er dem Spender die Möglichkeit gegeben hat, etwas für seine eigene Glückseligkeit zu tun. Nach buddhistischer Anschauung hat jede gute Tat, die man in diesem Leben vollbringt, Einfluß auf einen besseren Stand im nächsten Leben auf dieser Erde. Der Mensch wird ja immer wiedergeboren, sozusagen zurückgeboren. Es entgeht keiner durch den Tod seinen bösen Taten. Nur der Reinste, geläutert durch eine unendliche Folge von Wiedergeborenwerden, geht ein in das Nirwana, in das große glückselige kosmische Nichts. Nur hin und wieder reißt die Wolkendecke auf, gibt der Nebel den Blick frei zurück in das Tal. Doch die Schnee- und Eisberge, die eigentlich zum Greifen nahe sein müßten, bleiben uns noch verborgen. Wasserfälle und Bäche kreuzen unseren Pfad. An einem kleinen Flüßchen haben fromme Bauern mitten im Wald eine durch Wasser angetriebene Gebetsmühle errichtet. In ihrem Inneren sind Millionen von Gebetsformeln, die durch die Umdrehung ständig zu den Göttern geschickt werden.

Gegen Abend erreichen wir das 3.000 m hoch gelegene Bergdorf Tsokha. Hier in dieser Höhe bekamen einige Tibeter Familien ein Stück Land zugewiesen, als im Jahre 1959 tausende ihre Heimat verlassen mußten und einige davon nach Sikkim gingen. Sie rodeten den Wald, bauten Häuser und legten Felder an. So entstand schließlich in dieser Bergeinsamkeit, durch ihre Intelligenz und ihren Fleiß, ein sauberes, wohlhabendes Dorf. Im Sommer müssen sie fleißig arbeiten, um die Vorräte an getrocknetem Käse, Yakfleisch, Mehl und Kartoffeln zu beschaffen, die sie für den Winter benötigen, wenn ihr Dorf für viele Monate eingeschneit ist und es niemand verlassen kann. Am nächsten Morgen ist das kleine Dorf mit seinen tibetischen Bewohnern in dichten Nebel gehüllt, und ich kann gut verstehen, daß auf jedem Haus eine Geisterfalle angebracht ist, in deren Netzen sich die bösen Dämonen verfangen sollen. Der Lama im Dorf ist der einzige, der diese Fadenkreuze anfertigen darf, denn nur er weiß, wie diese für jeden speziellen Fall aussehen müssen. Es kommt auf die Farbzusammenstellung an, die Anzahl der Windungen und die Muster, ob sie gegen Lawinen, Krankheiten oder anderes Unheil schützen sollen. Ich interessiere mich sehr für diese Geisterfallen und frage den Lama, woher er sein Wissen habe. Er bringt mir ein dickes Buch und erklärt, daß darin alles genau beschrieben sei. Dies schöne Buch und alle Schätze in ihrem Tempel wie Statuen, Thangkas und silberne Butterlampen, haben sie auf der Flucht aus Tibet mitgebracht.

Unser Zeitplan verlangt, daß wir dieses liebenswerte, gastliche Dorf verlassen müssen. Wieder liegen 1.000 Höhenmeter vor uns, und der Weg wird so steil, daß wir unseren Trägern helfen müssen

Eine epiphytisch
wachsende Orchidee
(Dendrobium sp.)

Novizen im Kloster
Sangatschöling (Dar-
jeeling)

67

Novize trägt die
Suppe zu den medi-
tierenden Mönchen

z oben links: Eine
zahlreichen Orchi-
n (Dendrobium
schatum, var. cu-
um)
unter: Eine Art des
hneeballs (Vibur-
m sp.)

Ganz oben Mitte: Eine
mattenbildende Knö-
terichart (Polygonum
vaccinifolium)
darunter: Der Himala-
ja-Rhabarber (Rheum
nobile)

Ganz oben rechts:
Rhododendron sp.
darunter: Eine Erdor-
chidee (Bletilla sp.)

Die Himalaja-Alpen-
scharte (Saussurea
gossypiphora) wächst
erst in Höhen über
4.000 Meter (stark
vergrößert)

Rechts: Rhododen-
dron der Rhododen-
dron campanulatum-
Sektion

Rinpotsche mit sei-
nem Lehrer und dem
Autor

und unsere Lasten auf Dzos verladen, eine zweckmäßige Kreuzung zwischen indischem Rind und Yak. Für mich ist dieser Weg nicht neu, denn um die alpine Flora erschöpfend fotografieren zu können, war ich schon einmal im Mai hier gewesen, und hatte die blühenden Rhododendrenwälder in ihrer Farbenpracht erlebt. Von den zweitausendzweihundert Rhododendren- und Azaleenarten, die es auf der Welt gibt, kann man hier allein über sechzig bewundern. Diese blühenden Bäume erreichen eine Höhe von 15 bis 20 Meter und leuchten in den schönsten Farben im Sonnenlicht oder durch vorbeiziehende Nebelwolken, die sie fast unsichtbar machen. Ihre Stämme sind oft so bizarr gewachsen, daß man sich in Sikkim folgende reizende Liebesgeschichte erzählt:

Es war einmal ein Rhododendronbaum, der eines Tages die liebliche Tochter eines kerzengerade gewachsenen Zedernbaumes sah und sich auf den ersten Blick in sie verliebte. Die schlanke, biegsame Schönheit zog den buckeligen, verkrüppelten Rhododendron so sehr an, daß der arme Bursche an nichts anderes mehr denken konnte. „Er ist verrückt vor Liebe", flüsterten sich alle zu, die ihn sahen. Der Rhododendron wußte, daß er nicht ohne die schlanke, hübsche Zeder leben konnte und ging zu ihrem alten Vater. „Ich liebe eure Tochter und bitte euch, sie heiraten zu dürfen." Der alte Zedernbaum brach in schallendes Gelächter aus. „Tatsächlich, das willst du? Was glaubst du, wird sie dazu sagen? Schau dich einmal an, hast du irgendeine Stelle an deiner Gestalt, die nicht verkrüppelt ist? Wie kann einer wie du es wagen, davon zu träumen, meine bezaubernde Tochter zu heiraten?" Der Rhododendron war tief enttäuscht, aber trotzdem bat er nochmals „Bitte, bitte, fragt eure Tochter wenigstens ein einziges Mal, ob sie mich nicht heiraten will. Ich liebe sie so." Der Vater lehnte alle Bitten des Rhododendronbaumes höhnisch ab und befahl ihm, niemals mehr mit ähnlichen Wünschen und Gedanken zu ihm zu kommen. Der Rhododendron nickte ergeben und versprach, die Geliebte zu vergessen, nur eine einzige Bitte habe er noch: „Wenn es Frühling wird, bitte, dann erlaube Deiner Tochter, uns in unserem kleinen Hain zu besuchen, nur für einen kurzen Augenblick." „Gut, aber versprich' mir, daß du nie wieder auf den Gedanken kommst, meine Tochter zu heiraten!" Der Rhododendron gab ihm sein Ehrenwort. Als es Frühling wurde, erinnerte sich der stolze Zedernbaum an sein Versprechen und schickte seine schöne Tochter zum Rhododendronbaum. Die Tochter machte sich auf den Weg, und als sie zu dem Hain kam, sah sie die ganzen Rhododendrenbäume in voller Blüte. Sie sahen so märchenhaft schön aus, daß sie den Blick nicht von ihnen wenden konnte. Aber ganz besonders war sie von einem jungen Baum beeindruckt, von dem sie glaubte, daß seine Blüten noch schöner, noch leuchtender seien als alle anderen. Er beeindruckte sie so stark, daß sie sich sofort in

73

ihn verliebte. So verliebt war sie, daß sie all ihre Schüchternheit vergaß, auf ihn zuging und sagte: „Wie schön du bist! Ich liebe dich!" „Oh, mein Mädchen, für uns gibt es kein Glück", sagte der junge Rhododendron voll Verzweiflung, „auch ich liebe dich schon seit langer Zeit und habe deinen Vater gebeten, mir dich zur Frau zu geben. Aber er lehnte es ab und nahm mir das Versprechen ab, nie mehr von einer Heirat zu sprechen". Die Zederntochter war tieftraurig. „Wie konnte mein Vater mir verbieten, solch einen schönen, jungen Burschen zu heiraten", weinte sie. Aber der Rhododendron war ein ehrenwerter Mann, der niemals ein gegebenes Versprechen brechen würde, auch nicht um der Liebe willen. So mußte das traurige Zedernmädchen wieder umkehren. Ziellos wanderte es durch die Wälder, und als der große Monsunregen kam, riß ein Bergrutsch es in die Tiefe. Und immer, wenn in Sikkim ein Zedernbaum von einem Bergrutsch mitgerissen wird, und die Leute sehen ihn in die Tiefe stürzen, erinnern sie sich an die Liebesgeschichte vom Rhododendron und der Zeder und sagen: „Die Tochter des alten Zedernbaumes hat sich selbst getötet."

Je höher wir hinaufkommen, desto niedriger wird der Wuchs der Rhododendren, und ihre Blüten werden immer kleiner. Schließlich überschreiten wir die Baumgrenze und erreichen das Gebiet der Almen. Hier, in einer Höhe zwischen vier- und fünftausend Meter, wachsen die mannigfaltigsten alpinen Blumen. In Begleitung eines kundigen Forstbeamten machen wir viele Ausflüge, um all die herrlichen Blumen zu fotografieren und zu sammeln. Da stehen Blüten bei Blüten, dazwischen Gräser und Kräutlein, alles ist beisammen, die ganze Flora, auf die wir uns so gefreut haben. Sikkim ist das Ursprungsland von 60 Primelarten, und ich wünsche mir, einmal ein ganzes Jahr hierbleiben zu dürfen, um alle Pflanzen in ihrer Blüte zu erleben. Gerade blühen die Primeln, ihre violetten und rosa Köpfchen leuchten zwischen den naß-grauen Steinen. Nur den gelben Mohn können wir diesmal nicht blühen sehen, Samenkapseln sind alles, was wir mitnehmen können. An ihnen funkeln wie Perlen die frischen Tautropfen.

Und je näher wir der 5.000-Meter-Linie kommen, desto seltener werden die Blumen. Wir sehen einige winzige Geranien, aber vor allem die Saussurea gossypiphora, die in großer Vielfalt der Formen hier wächst. Sie hat weit auseinandergespreizte, flache Blätter und ein dicker, silbriger Wattebausch schützt die dunkle Blüte vor der Kälte. Wir staunen wieder einmal, wie wunderbar die Natur für ihre zarten Geschöpfe sorgt. Auch der Himalaja-Rhabarber (Rheum nobile), der mannshohe Ausmaße erreicht, ist sinnvoll gestaltet. Seine äußeren großen hellen Blätter sind nicht die Blüten, sondern Schutz für die darunter befindlichen Samen vor der Nachtkälte. So viel Schönes und Interessantes gab es hier zu sehen, und alles beschäftigte mich derart,

TIBET

NEPAL

6927 m
Chorten
Nyima

7150 m Nepal
Gipfel

8598 m Kangtschen-
dzönga

Rathong
7593 m

Dzongri

Tsokha

Ketschuperi-
See ₒ Yuksam

Pema jangtse ●

Naya Bazar

● Namchi

Sinioltschu ▲

Lachen ●

S   I   K   K   I   M

● Mangan

Tista

Talung

Tista

Tista

Lachung ●

Lachung

TIBET

Natu-Paß
Jelep-Paß

GANGTOK ● Roro

Rumtek ●

Rangit

● Singtam

Rangpo

Rongli ●

BHUTAN

Rongphu

Rangit ● Melli

Tista

INDIEN

daß ich kaum bemerkte, wie steil es bergauf ging.

Heute abend zeigt sich zum ersten Mal der Mond und unser größter Wunsch, auch die Schneeberge Sikkims zu sehen, geht in Erfüllung. Nun haben wir beides: wir sehen den Berg, wir sehen die Blumen, es ist ein großes Erlebnis! Wir denken an die alte Schamanenfrau in Gangtok, sie hat nicht zuviel versprochen. Am nächsten Tag bietet sich uns das gleiche Bild, nur jetzt nicht im sanften Mondlicht, sondern in den gleißenden Strahlen der Sonne, die langsam hinter dem Pandim aufgeht. Die Spitzen des Kangtschendzönga, des dritthöchsten Berges der Welt, erstrahlen längst in vollem Licht. Angesichts dieser Größe und Schönheit können wir verstehen, daß für das Volk von Sikkim der Kangtschendzönga Gott und Götterthron verkörpert und nur ungern die Erlaubnis gegeben wird, die höchste Spitze zu betreten. Alle Bergsteiger müssen das Versprechen geben, diese unberührt zu lassen.

Einmal im Jahr wird zu Ehren dieses Gottes ein Fest gegeben, mit Schamanentänzen und Feuern, in denen man das Böse vernichtet. Höhepunkt ist der Auftritt des Gottes selbst: aus verborgenen Kammern des Klosters holt man die Maske Kangtschendzönga, um ihm zu huldigen, bevor die Maske wieder für ein Jahr lang vor allen Menschen verborgen wird.

Bhutan
Land
der goldenen
Drachen

Einen ersten Blick in dieses herrliche Land konnte ich im Jahre 1951 tun, als ich auf der Flucht vor den Chinesen noch vor dem Dalai Lama aus Lhasa wegging, um Erkundigungen einzuziehen. Ich studierte zwei Ebenen, die für eventuelle Flugzeuglandemöglichkeiten geeignet wären, falls man den Dalai Lama auf der Flucht überfallen würde. Eine dieser Ebenen dehnte sich bei Phari aus, was übersetzt „Schweineberg" heißt. In Phari stand eine alte Festung, in welcher der Gouverneur residierte, mit dem ich befreundet war, und bei dem ich einige Tage Gastfreundschaft genoß. Ich machte verschiedene Ausflüge, aber am liebsten wanderte ich zum Fuß des Tschomo Lhari, des heiligen Berges, der an der Grenze Tibets zu Bhutan liegt. Die Nordkette der Eisberge Bhutans sah ich schon während meines Aufenthaltes in Lhasa, als Peter Aufschnaiter und ich den 6.000 m hohen Mindrutsari bestiegen, um einmal wieder ewiges Eis und Schnee zu sehen, was es ja in dem ariden Lhasa nicht gab.

Früher wäre ich sicherlich nach Bhutan gekommen, um die herrlichen Eisgipfel zu besteigen; heute beschäftigen mich vor allem die Menschen und Blumen dieses Landes. Es ist interessant, sich vielleicht einmal daran zu erinnern, daß viele Pässe von Bhutan nach Tibet führen, auf denen die Yak-Karawanen zogen, mit Getreide und kostbaren Seiden für die Tibeter beladen und in der umgekehrten Richtung Wolle, Salz und das wertvolle Moschus seinen Weg nach Bhutan nahm. Das ist lange vorbei. Das „Drachenland" hat seine eigene Armee und der im Juli 1972 verstorbene König Jigme Dordsche war klug genug, seine eigenen politischen Interessen eng mit denen Indiens zu verbinden. Aber auch Politik sollte mich wenig kümmern. Ich war hergekommen, um mich vom Zauber eines Landes gefangennehmen zu lassen, das von Touristen noch wenig berührt ist. Auch die Menschen sind noch unverdorben und ehrlich. Sie sind stolz auf ihr Land, seine Struktur und die Tatsache, daß niemand Not leiden muß. Ihre gläubige Anhängerschaft an Padmesambhava, den großen Missionar aus Indien, der den Buddhismus zu ihnen gebracht hat, läßt sie heiter und gelassen das irdische Leben ertragen. Zeugen ihres Glaubens sind ihre gewaltigen Festungen, Dzongs genannt, sie stehen u. a. in Paro, Punakha oder der Hauptstadt Thimbu. Fresken mit tantrischen Szenen schmücken die Wände und goldene Buddha-Gestalten leuchten aus den Nischen. Immer wieder sieht man Darstellungen des Kampfes Gut gegen Böse, wobei letztere Dämonen mit schreckenerregenden Fratzen sind. Gebetsfahnen, wohin das Auge blickt, schon von weitem hört man ihr Knattern und es ist, als ob sie die Gebete sprechen. Gebetsfahnen gibt es auch vor einem der malerischsten Klöster, dem Tiger Nest. Sieht man es zum erstenmal nach einstündigem Anstieg auf schmalem Saumpfad an der senkrecht abfallenden

77

Felswand kleben, kann man kaum glauben, daß dorthin ein Pfad führt und oben Mönche leben und ihren Göttern dienen. Sind die Farben vor dem tiefblauen Wintersonnenhimmel erst klar weiß, rot und schwarz, so erscheinen sie beim höher Hinaufkommen wie hinter einem Vorhang zarten, grünen Tülls. Die Landschaft schien uns wie für ein Frühlingsfest geschmückt, mit Farnen und Moosen in allen grünen Schattierungen, dahinter Schleier aus Lichenen, den Bartflechten, die sich zwischen den Bäumen ausbreiten. Es ist ein Glücksfall, daß auch noch die Sonne ihre Strahlen auf diese zarten Gebilde sendet und sie in glitzerndes Licht taucht. Und als fast noch größeres Glück empfinde ich es, daß beim Nachhauseweg die Sonne hinter Wolken verschwunden ist und graue Nebelfetzen durch die Bäume mit ihren dicht herniederhängenden Bartflechten wehen. Wir fühlen uns wie vor einem Gemälde von Hieronymus Bosch oder wie in einem Zauberwald. Wir treffen Kinder auf steilem Pfad, die schon früh daran gewöhnt werden, die lebensnotwendigen Lasten zu tragen. Ein kleines Mädchen trägt in einem Korb Blüten der Saussurea gossypiphora. Sie wächst überall in den Bergen von Bhutan und wird als Medizin verwendet und ihr weißer, flauschiger Wattebausch ist eine wohltätige Wundwatte. Männer kommen uns entgegen in ihren langen, buntgestreiften Kleidern, die auf dem Rücken Stämme des schönen, gelblichen Holzes der Magnolie tragen. Diese Bäume erreichen in

Bhutan phantastische Höhen, und überall findet man Gegenstände aus Magnolie, wie z. B. die zauberhaften kleinen Tischchen mit liebevollen Schnitzereien aus dem buddhistischen Gedankengut an den häuslichen Möbeln. Die häufigsten Darstellungen sind die acht Glückssymbole: der doppelte Fisch, der Schirm der Autorität, die Conchmuschel, das Siegesbanner, die Lotosblume, das Gefäß der Unsterblichkeit, der unendliche Knoten und schließlich das Lebensrad. Es war Frühling, und wir wanderten durch die Wälder, die durch eine vernünftige Forstwirtschaft nicht mehr wie in früheren Zeiten einfach abgebrannt wurden, um mit der Asche als Dünger besseres Gras für ein paar Ziegen zu bekommen. Hinzu kommt, daß das unvernünftige Abbrennen der Wälder eine Katastrophe für den Wasserhaushalt ist. Wo keine Wälder sind, regnet es weniger, und vor allem wird das Wasser nicht vom Boden aufgesogen, sondern fließt gleich von der Oberfläche ab. Die Folge sind Überschwemmungen und darauffolgende Trockenheit. Eine gesunde Forstwirtschaft ist wichtig für alle jene Länder, die über einen gesunden Wasserhaushalt verfügen wollen. Bhutan kennt diese Probleme und löst sie durch Aufforstung und strenge Kontrolle der Bäume, die geschlagen werden dürfen.

Frühling in Bhutan! Die Rhododendren malen die Landschaft in den buntesten Farben. Wohin wir gehen, leuchten die Blüten uns entgegen, dazu Magnolien,

Orchideen, Gesundheit spendende Kräuter, Farne, lila Stiefmütterchen und viele Primelarten zwischen Enzian, so blau wie der mittägliche Himmel. Für den Botaniker und Blumenfreund gibt es in dieser Überfülle nur ein Problem: er muß sich entscheiden, welche Blume er sehen will, ob er im Frühling, Sommer oder Herbst kommt, und ob er im Tal bleibt oder hoch hinauf in die Berge geht. Ich habe mir vorgenommen, alles zu erwandern, um dieses Blumenparadies immer wieder neu und anders zu entdekken.

Das Schönste jedoch sollte ich schon auf dieser ersten Reise nach Bhutan erleben – die Erfüllung eines Jugendtraumes. Schon als junger Student in Graz war eine Blume für mich von besonderer Bedeutung, die „blaue Blume", die hinter den Bergen im Verborgenen blüht. Noch heute kenne ich jede Zeile dieses Wanderliedes, welches Ausdruck meiner jugendlichen Sehnsucht war:

„Wir wollen zu Land ausfahren über die Fluren weit,
aufwärts zu den klaren Gipfeln der Einsamkeit.
Woll'n lauschen, woher der Sturmwind braust,
woll'n schauen, was hinter den Bergen haust,
und wie die Welt so weit, und wie die Welt so weit."

Am liebsten habe ich die letzte Strophe, sie scheint mir Traum und Verlockung zugleich:

„Es blühet im Wald tief drinnen die Blaue Blume fein,
die Blume zu gewinnen, zieh'n wir in die Welt hinein.
Es rauschen die Bäume, es murmelt der Fluß,
und wer die Blaue Blume finden will, der muß
ein Wandervogel sein, ein Wandervogel sein."

Dieses Lied hat mich mein ganzes Leben auf allen meinen Expeditionen begleitet, und immer hatte ich im Unterbewußtsein die Hoffnung, diese Blaue Blume zu finden. Es ging mir so wie Friedrich von Hardenberg, genannt Novalis, der seinen Heinrich von Ofterdingen unablässig die Blaue Blume der Romantik ersehnen ließ. Und tatsächlich, ein halbes Leben später habe ich sie hier in Bhutan gefunden. Es ist der blaue Mohn, der nach seinem Entdecker Lt.-Col. F.M. Bailey, einem Freund von mir, Meconopsis baileyi genannt wird. Wissenschaftler nennen sie auch Meconopsis betonicifolia, und unter den Bergsteigern gilt sie als Königin aller Himalajablumen. Für mich bedeutet diese Begegnung mit meinem Jugendtraum eine Erkenntnis: alle Träume können in Erfüllung gehen, wenn man sie nur zielstrebig verfolgt. Bei mir hatte es vierzig Jahre gedauert! Ich fotografiere und beobachte den Mohn den ganzen Tag, erkunde seinen Standort, felsiges und feuchtes Gelände, sodaß der untere Teil der Pflanze im Schatten steht und ihre strahlend blauen Blüten sich zum Licht hinstrecken. Holdsworth

79

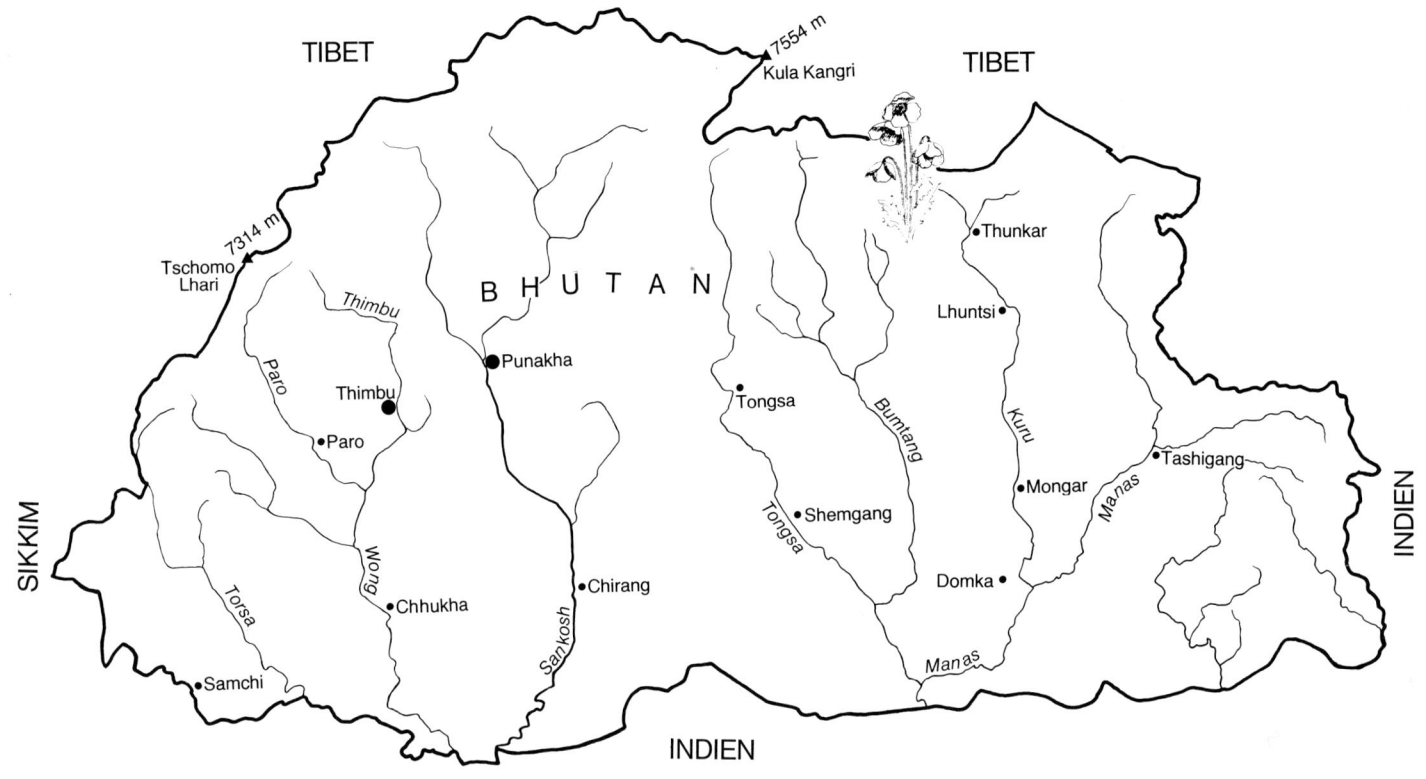

sagt, die Blume habe das Blau des Himmels am frühen Morgen, und wahrhaftig, er hatte recht, nie habe ich ein strahlenderes Blau gesehen und in der Mitte diese goldgelben Staubfäden. Aber lassen wir den Entdecker selber erzählen, denn mein Freund Bailey war ein Mann, der auf allen seinen Reisen genaue Tagebücher führte und mit großer Gewissenhaftigkeit alles notierte, was er sah und erlebte. Nur ein einziges Mal vergaß er diese rein wissenschaftliche Strenge und schilderte nur seine Gefühle, als er diese märchenhafte Blume entdeckte. Er wünschte sich, sollte jemals sein Name mit der Entdeckung der Blume verewigt werden, daß die Menschen wissen sollten, was er empfand beim ersten Anblick dieser wunderbaren, türkisblauen Blume mit dem goldnen Punkt in der Mitte. In seinem Buch „No Passport to Tibet" finde ich eine Eintragung am Abend des 10. Juli 1913: „Unter den vielen Blumen, purpurroter Iris, Primeln und Eisenhut, entdeckte ich blauen Mohn, den ich nie zuvor gesehen hatte. Obgleich ich zum erstenmal diesen blauen Mohn gesehen

habe, der später den Namen Meconopsis baileyi bekam, hatte ich schon in Tibet viele verschiedene Arten des blauen Mohns gesehen, sehr schöne, aber keine so wundervoll wie diese." Bailey selber war nicht in der Lage, den Samen des blauen Mohns mit nach Europa zu nehmen, da er gerade in voller Blüte stand. Erst 1924, als der bekannte „Pflanzenjäger" Captain Kingdon Ward, über die Entdeckung des blauen Mohns gelesen hatte, brachte er den Samen mit nach England und Amerika, und Bailey, der faire Engländer sagt: „Den Ruhm meiner Entdeckung verdanke ich vor allem dem Unternehmen Captain Kingdon Ward's. Hätte er nicht den Samen des blauen Mohns mitgebracht und kultiviert, der Meconopsis baileyi wäre so unbekannt geblieben, wie die Schmetterlinge und anderen Exemplare, welche wir von unseren Reisen mitgebracht haben."

Am Ende eines kleinen Tales, da wo ein Fels über den springlebendigen Fluß überhängt, sah ich zum Abschied noch einen einzigen blauen Mohn stehen – ich hatte meine Blaue Blume gefunden.

80

Meterlange teleskop-
artige Trompeten
klingen wie Alphörner

Nur Jaks finden als
Arbeitstiere zum Pflü-
gen und zum Reiten
in über 4.000 Meter
Höhe Verwendung

Ein Nepali holt Blätter
für die Ziegen

Der Dhaulagiri vom
Kloster Muktinath aus
gesehen

Auch im Himalaja
blüht der Eisenhut
(Aconitum sp.)

85

Das klare, ebenmä-
ßige Gesicht eines
Nepali

Für eine kurze Rast
hat sich diese Nepali
eine Zigarette ange-
zündet

Im Himalaja gibt es
viele heiße Quellen,
die Heilwirkung ver-
sprechen

88

Die letzte Karawane im Sangkar-Tal

Die Stille und der Frieden waren vollkommen. Nicht der leiseste Windhauch bewegte die Gräser, und die unerstiegenen Eisgipfel leuchteten in der Ferne. Mein Ziel war das Sangkar-Tal, das zwischen dem Himalaja und Karakorum liegt. Noch führt keine Straße in das drei- und viertausend Meter hoch gelegene Königreich, das politisch zum indischen Staat Kaschmir gehört und vergleichsweise die Ausmaße Tirols hat. Wenn man heute immer wieder das Wort „Massentourismus" hört, mit der Bemerkung, daß es keine unberührten Flecken mehr gäbe, so ist diese Gegend eines der vielen Gebiete, wo man noch einsame Natur genießen kann, wenn man bereit ist, auf einige zivilisatorische Gewohnheiten zu verzichten. Man muß nur ein bestimmtes Interesse für irgendein Fachgebiet mitbringen, sei es Geologie, Anthropologie oder Botanik, dann vergißt man schnell die Bequemlichkeiten der Zivilisation und genießt den Kontrast des anderen Lebens. Man lernt begreifen, daß nicht Geld und Technik das Dasein beherrschen, sondern Freude an den einfachen Dingen und Zufriedenheit mit dem Leben, so wie es die Menschen in diesen Blumentälern des Himalaja führen.

Panikhar war unsere Ausgangsstation, ein kleiner Ort in einem Tal, durch das der Suru fließt und ihm seine wunderbare Fruchtbarkeit schenkt. Die freudige Erregung, die mich immer vor einer Wanderung in neues, unbekanntes Gebiet befällt, ließ mich nicht lange schlafen. Schon um fünf Uhr stand ich auf, um mich ein wenig in dem kleinen Dorf umzuschauen. Alles war noch still und menschenleer, und der berühmte Doppelgipfel des Nun-Kun war von Wolken bedeckt. Ich war zufrieden und voller Erwartung. Was war es, was mich jedes Jahr aufs neue hinauszog in die Täler des Himalaja? War es meine Verbundenheit mit den Tibetern, deren Leben ich viele Jahre als einer der Ihren teilen durfte, oder einfach nur die Sehnsucht nach dem anderen Leben? Ich fand keine genaue Antwort an diesem frühen Morgen und war's zufrieden, daß ich mir die Aufgabe gestellt hatte, nach Sangkar zu gehen, um dort Menschen und Blumen zu erleben.

Da Panikhar unmittelbar vor der Religionsgrenze zwischen Islam und Buddhismus liegt, haben sich nicht nur die beiden Religionen, sondern auch ihre Sprachen vermischt. Während die meisten Mohammedaner zur Sekte der Suni gehören, gibt es in diesem Tal noch die Shiya, die schon zu Lebzeiten des Religionsgründers Mohammed die Sitte der Probeehe vertraten. Lieben sich zwei junge Leute, so können sie eine Woche oder ein Jahr miteinander leben, ohne offiziell eine Ehe eingehen zu müssen. Selbst die Geburt eines Kindes ändert nichts daran. So kann es geschehen, daß von einem Vater an mehreren Orten Kinder aufwachsen, die später untereinander heiraten. Diese mögliche Inzucht lehnen die Suni ab.

In Panikhar wollten wir unsere Karawane zusammenstellen, denn glücklicherweise endete hier die Autostraße, und wer nach Sangkar will, muß hier Träger, Last- und Reittiere anwerben. Da dies ohne Feilschen und langwierige Verhandlungen nicht abgeht, schlugen wir erst einmal unsere Zelte auf. Wir waren zu zweit und leisteten uns den Luxus, für jeden ein eigenes Zelt mitzunehmen, und noch ein drittes als Küche, für die ein Kashmiri aus Srinagar verantwortlich war. Nach den Wünschen der Karawanentreiber mußten wir unsere Lasten so packen, daß sie gleichmäßig auf die Pferde verteilt werden konnten, aber trotzdem gab es freundliches Gerangel um die verschiedenen Gepäckstücke. Um Streit zu vermeiden, beschriftete der Karawanenführer kleine Hölzchen mit dem Namen der Treiber, mischte diese und legte sie willkürlich auf die einzelnen Lasten. Manchmal wurde auch gewürfelt, so vermeidet man unnützen Streit. Für Panikhar war unsere kleine Expedition ein großes Ereignis, denn nur wenige Bergsteiger sind von hier aus zum Nun-Kun losgezogen, und kaum jemanden interessierte bisher die beschwerliche Tour nach Sangkar. So fehlte den Leuten, die wir angeheuert hatten, jegliche Erfahrung und das Durcheinander am Tage unseres Aufbruchs war unbeschreiblich. Von unseren 14 bestellten Pferden fehlte die Hälfte, kein Mensch wußte, wo sie waren, aber man beteuerte uns, daß „Suchtrupps" unterwegs seien und sie jeden Augenblick eintreffen würden. Obwohl

ich wußte, daß hier ein Augenblick sowohl eine Stunde als auch einen Tag bedeuten konnte, machte mir das alles gar nichts aus. Im Gegenteil, jetzt wußte ich, ich war wieder in Asien, und so setzte ich mich gemütlich auf ein paar Holzbretter und beschrieb in meinem Tagebuch das Durcheinander von Säcken, Seilen, Sätteln, Bettrollen und anderen Expeditionsgegenständen. Als nach einigen Stunden immer noch nichts geschehen war, ging ich mit meinem Partner zu Fuß voraus. Wir hatten viel Zeit, und ich genoß die verschiedenen Farben der wildwachsenden Tibetrosen, die das saftige Grün der Felder und das Grau der felsigen Hänge mit ihrem Farbenreichtum belebten. Alle Schattierungen von weiß bis dunkelrot säumten unseren Weg, und ich wußte nicht, welche am schönsten waren, die zartrosa blühenden oder die vollen, doppelten gelben, besonders dann, wenn im Hintergrund die hellen, wilden Schneewasser vorbeifließen. Sie duften stark und süß, und die Eingeborenen genießen dieses „Parfum" und hängen sich Halsketten um oder stecken eine Blüte zwischen die Lippen oder hinter das Ohr.

Bei unserer ersten kleinen Rast holte uns reitend der König von Sangkar mit seinem Sohn Nyima Norbu ein, um dann aus Freundschaft, wie er sagte, mit uns gemeinsam zu Fuß weiterzugehen. Ich kannte ihn von Ladakh her und freute mich über die neuen Partner, von deren Wissen über ihr Land ich vieles zu lernen hoffte. Auch der König freute sich über das Wiedersehen und befahl seinem Karawanenführer, so lange zu warten, bis die Pferde mit unseren Lasten kämen. Bald verengte sich das Tal zu einer Schlucht, deren eine Seite eine fast tausend Meter hohe, senkrechte Felswand bildete. Auf der anderen Seite floß der gewaltige Eisstrom des Nun-Gletschers herunter. Er endet als über hundert Meter steile Wand, deren Eistürme direkt in den Surufluß reichen. Der in dieser Jahreszeit auf den Gipfeln schnell schmelzende Schnee brachte außer dem Wasser noch Geröll und große Steine mit, die mit Getöse in den Fluß fielen. Ich war fasziniert von diesem Anblick, noch nie hatte ich gesehen, daß ein Gletscher in einen Fluß kalbt! Dieser Engpaß, den wir durchwanderten, ist nicht nur die Grenze, hinter der Sangkar beginnt, sondern auch die Religionsgrenze zwischen Islam und Buddhismus. Obwohl wir nun bereits in Sangkar waren, erklärte uns der 60 Jahre alte, sehr rüstige König, daß wir vorläufig noch keine Siedlungen antreffen würden, da es hier viel zu kalt sei, um Gerste anzupflanzen und Weideflächen gäbe es hier kaum. Sein fruchtbares Land würde erst nach sechs Tagesmärschen hinter dem Pense-Paß beginnen.

Wir vier hatten längst den Platz erreicht, der für unsere Übernachtung vorgesehen war, aber von den beiden Karawanen war weit und breit nichts zu sehen. Das Wetter hatte sich verschlechtert, es graupelte und regnete, und das kleine Feuer, das ich gemacht hatte, war kaum in der Lage, uns zu wärmen. Es war schon dunkel, als unsere Karawane auftauchte und unsere Träger die Zelte aufschlugen und uns herrlichen, starken Tee kochten. Als besondere Köstlichkeit bereiteten sie uns Tschapatis, einfache Fladen aus Mehl und Wasser, die man normalerweise auf einer konkaven Eisenplatte, hier am Lagerplatz jedoch in einer Pfanne ohne Fett röstet. Ich revanchierte mich mit einer Runde Zigarillos, die die Stimmung hoben und das Kennenlernen erleichterten. Da sie als Mohammedaner keinen Alkohol trinken, genießen sie umso mehr etwas Gutes zum Rauchen, kein einziger Nichtraucher war unter ihnen. Abdul, der sich gerade genüßlich seinen Zigarillo ansteckte, war unser Karawanenführer, aber wie sich bald herausstellte, nur mit dem Mund. Die Arbeit leistete während der ganzen Expedition der brave Ahmed. Er war es auch, der noch am Abend große Mengen Feuerungsmaterial sammelte und liebevoll dafür sorgte, daß die Glut während der ganzen Nacht nicht erlosch. Er bewährte sich hervorragend und war ein Künstler im Feuermachen, selbst unter den feuchtesten Verhältnissen. So waren wir alle erwärmt, gesättigt und zufrieden, und bevor ich in mein Zelt kroch, saß ich noch ein wenig in der Dunkelheit und schaute auf die fahlen Gipfel, deren Umrisse aus der Nacht zu mir herunterschauten.

Es regnete während der ganzen Nacht leise auf mein Zelt, aber als ich am nächsten Morgen schon sehr früh aufstand, um nach Blumen Ausschau zu halten, war das Wetter wieder klar und schön. Statt Blumen zu finden, stellte ich fest, daß unsere Pferde weg waren, einfach davongelaufen. So marschierten wir wieder einen Tag lang zu Fuß, bis die freiheitslustigen Rösser wieder eingefangen waren. Wenn es auch keine Wohnsiedlungen gab, so waren wir doch nicht die einzigen Menschen auf unserem Saumpfad. Immer wieder kamen uns Karawanen entgegen oder überholten uns mit fröhlichen Zurufen. Alle freuten sich über die Begegnung mit ihrem König und dessen Sohn, und für uns gab es immer wieder eine Pause, wenn sich die beiden geduldig die Anliegen ihrer Leute anhörten, oder sich über den Bericht erfolgreicher Geschäfte freuten.

Unser heutiges Ziel war das Rangdün-Gompa, das erste lamaistische Kloster nach der Religionsgrenze. Es thronte in eindrucksvoller Einsamkeit auf einer Felsklippe mitten in einem Meer von Schotter, und man erzählte mir, daß dieses Steinmeer tatsächlich zeitweise mit Wasser gefüllt ist, und die Mönche ohne Berührung mit der Außenwelt wie auf einer Insel leben. Da immer einige Mönche betend um das Kloster herumgehen, hatten sie uns schon von weitem gesehen, und die Novizen kamen strahlend den Berg herunter und halfen uns, das Gepäck hinaufzutragen. Gleich nach der Ankunft brachten sie uns Buttertee, und als sie merkten, daß er meinen Begleitern und den zwei Trägern, die mit uns gegangen waren, nicht so gut schmeckte, kochten sie neuen auf indische Art mit viel Zucker. Ich jedoch genoß den „echten" Buttertee, hatte ich ihn doch jahrelang täglich getrunken. Der Abt, glücklich einmal Gesprächspartner zu haben, erzählte uns die Geschichte des Klosters, und daß es eigentlich Trang-Dün heiße, übersetzt „kalter Ort". Ein kalter Ort war es wirklich, und nur eine tiefe Gläubigkeit konnte es den Menschen hier oben ermöglichen, an einem so kühlen, ja menschenfeindlichen Platz zu leben. So weit man blickte, nur kahle, dunkle Steine und schneebedeckte Gipfel. Das Wenige, was sie zum Leben brauchen, bekommen sie von den vorbeiziehenden Karawanen, und weit entfernt von ihrem Kloster besitzen sie einige Felder, die sie mühsam bestellen. Am frühen Nachmittag endlich holte uns die Karawane mit den restlichen Trägern ein, und wir waren froh, daß es weiterging. Sie erklärten uns in beredten Worten, was geschehen war: in der Nacht war ein Fohlen geboren worden, und die Mutter, wohl in der Hoffnung, noch den wärmenden Stall zu erreichen, war zurückgelaufen und die anderen hinter ihr her. Man fand die beiden zwanzig Kilometer entfernt vom Rastplatz, wo das Fohlen gerade zur Welt gekommen war. Nur an seinem Geburtstag wird das Tierbaby auf den Armen durch die kalten und reißenden Bäche getragen, schon am zweiten Tag läßt man es alleine laufen. Es ist erstaunlich, wie schnell so ein langbeiniges, neugeborenes Fohlen die vielen Hindernisse bewältigt. Immer wieder begegnen wir Herden, wo der Hirte das neugeborene Schäflein, die kleine Ziege oder das Fohlen auf dem Arm trägt, und man weiß dann immer, daß es an diesem Tag geboren wurde. Der Hirte mit dem Jungtier im Arm gehört zur Landschaft der Himalaja-Täler wie die schneebedeckten Berge und die wilden Rosen.

Der Nachmittag war wieder grau und regnerisch, und als wir am Fuß des Pense-Passes unser Lager aufschlagen, sind wir alle froh über heißen Tee und den Komfort von Schlafsack und Daunenjacke, ein Luxus, den ich nicht immer hatte. Pang-Tschung, „kleine Wiese", heißt unser Lager, und mir fallen die Schilderungen Sven Hedins ein: „Es hat sich nichts verändert, alles ist noch genauso wie damals. Es ist ein guter Platz, denn alles, was wir brauchen, ist vorhanden. Wir haben eine windgeschützte Stelle gefunden, denn unsere Karawanentreiber schlafen unter freiem Himmel, versteckt und geschützt hinter Sätteln und Gepäcksstücken. Weidenbüsche, die uns Feuerungsmaterial liefern, wachsen zwischen Steinen, und das saubere Wasser im murmelndem Bächlein ist herrlichstes Trink- und Waschwasser. Der abendliche Bergwind läßt die Zeltwände so stark knattern, daß ich kaum einschlafen kann, aber das stört mich nicht. Mit der Taschenlampe schreibe ich mein Tagebuch und freue mich auf den nächsten Tag."

Mein tibetischer Holzsattel war so hart und hatte zudem keine Steigbügel, daß ich es weiterhin vorzog, zu Fuß zu gehen. Gegen Mittag erreichten wir den Paß, auf dessen Höhe unzählige Gebetsfahnen wehten. Jeder Buddhist befestigt aus Dankbarkeit, daß er die Höhe gesund erreicht hat, ein mit Gebeten bedrucktes Stoffähnchen. Unsere Karawanentreiber, alle Muselmanen, dankten auf ihre Weise Allah mit Gesängen.

Den höchsten Punkt hatten wir noch nicht erreicht. Leicht ansteigend, oft durch tiefen Schnee erschwert, ging es weiter hinauf. Als wir den „Dobung" oder „Steinhügel" erkannten, wußten wir, daß wir die höchste Stelle von 4.500 Meter erreicht hatten. Diese Steinhügel wurden von den Karawanentreibern im Laufe der Jahrhunderte errichtet. Ich fand einen Stein mit der Aufschrift „Lha-Thog", „Götterdach", und wahrhaftig, besser konnte man diesen Platz nicht benennen. Ein viele Kilometer langer Gletscher floß in das sich nun weit vor uns öffnende Sangkar-Tal, in das wir über steile Felsplatten abstiegen. Von nun an hatten wir den Sangkar-Fluß als ständigen Begleiter zur Seite, der wie alle Flüsse dieser Gegend auch in den Indus mündet. Da es Frühling war, begegneten uns viele Herden, die auf dem Wege zu den hochgelegenen Weideplätzen waren. Hier unten waren die Wiesen schon ziemlich abgefressen, und sie schimmerten silbergrau von den vielen zarten Edelweiß. Es war wie ein Wunder, nach Tagen in Schnee- und Steinlandschaften plötzlich grüne Wiesen und Häuser zu sehen. Diese Begegnung mit dem Leben nach Tagen der Wüstenei macht mich immer wieder aufs neue betroffen. Es ist der Charme und der Zauber unfruchtbarer Länder, den man niemals in reichen Ländern erleben kann. Wir erreichten das erste Dorf mit seinen einfachen, aus Lehm gebauten Häusern, auf deren flachen Dächern Yak- und Kuhmist zum Trocknen ausgebreitet lag. Jede freie Stunde nutzen die Bauern aus, um ihn auf den Weiden einzusammeln. Die verschiedenen Mistarten von Schaf, Ziege, Kuh, Pferd und Yak werden mit Wasser und Gras zu einem dicken Brei gemischt, und dann formt man mit Holzmodeln oder einfach mit den Händen große, runde Fladen. Keine der Frauen käme je auf den Gedanken, daß dies eine unappetitliche Arbeit sei. Ganz im Gegenteil, fröhlich formen sie den Mist mit ihren kräftigen, braunen Händen und tragen dazu ihren schönsten Türkis- und Korallenschmuck. Für sie ist diese Arbeit etwas ganz Normales und mit keinerlei Ekelgefühlen verbunden. Da im Winter hier bis zu zwei Meter Schnee fallen, und die Temperaturen bis zu 30 Grad unter Null sinken, werden ungeheure Mengen Feuerungsmaterial gebraucht, die in der wärmeren Jahreszeit gesammelt werden müssen. Die in der Sonne getrockneten Mistkuchen werden durch Wurzeln und Dornengestrüpp ergänzt, sodaß auf den flachen Dächern ganze Wälle davon entstehen. Holz als Brennmaterial wäre viel zu kostbar, und die kleinen, künstlich angelegten Haine mit Weiden und Pappeln liefern ausschließlich das Material zum Bau ihrer Hausdächer. Überall blühten die wilden Rosen mit ihren großen Stacheln, die hervorragend als schützende Umzäunung ihres kleinen Besitzes geeignet sind. Ein Bauer des Dorfes Tschibra, was treffend mit „Pferdewechselplatz" übersetzt werden kann, nahm die Anwesenheit des Königssohnes wahr, um ihm die Bitte vorzutragen, daß sein Sohn in Benares eine höhere Schule besuchen dürfe. Nyima Norbu als Volksvertreter im Parlament von Kaschmir in Srinagar, ist in der Lage, solche Bitten zu erfüllen. Auf meine Frage, ob es im Dorf keine Schule gäbe, zeigte man mir die sogenannte Grundschule. Das „Klassenzimmer" war ein Geröllfeld im Schutze einer Steinmauer, auf dem fünf kleine und sechs große Kinder hockten. Es war ein reizender Anblick, denn eigentlich waren es zwei Klassen, getrennt durch einen lustig dahinfließenden Bach. Sprachlich haben es die Kinder sehr schwer. Ihre Muttersprache ist Ladakhi, identisch mit Tibetisch, aber die Amtssprache in Kaschmir ist Urdu. So sind diese beiden Sprachen Voraussetzung. Geht nun ein Kind auf eine höhere Schule in Indien, muß es auch noch Hindi und Englisch dazulernen. Wahrhaftig keine leichte Aufgabe für die Kinder. Diese Schule in Sangkar war das einzige, was unserem Leben ähnelte. Sie kannten nicht die Anwendung des Rades, und daher gab es keine Ochsenwagen. Alles wurde auf dem Rücken der Menschen oder Tiere transportiert. Es 95 gab nicht Telefon, nicht Funk, keinen elektrischen Strom und keine Poststation. Will einer der 10.000 Einwohner Sangkars einen Brief befördern, so muß er ihn einer Karawane anvertrauen. Irgendwann würde er schon ankommen, keiner grübelte nach und war deswegen unglücklich.

Daran dachte ich am Abend im Zelt, als ich meine Tagebucheintragungen gemacht hatte und es nichts mehr zu tun gab. Vor Wochen hatte man mir zur Post aus Europa einige Zeitungsausschnitte gelegt, von denen man sicher war, sie würden mich interessieren. Die politischen Nachrichten waren, wie immer, deprimierend, und als ich erleichtert die Kritiken eines von mir geliebten Beethoven-Konzertes las, hob der eine Kritiker in den Himmel, was der andere verdonnerte. Es schien mir geradezu symbolisch für unsere unfriedliche Welt. Ich las noch, daß die Benzinpreise steigen würden, und dann hatte ich genug. Es erschien mir alles so unwirklich hier in diesem kleinen Ort in Sangkar, wo die Menschen friedlich und einander zugetan ohne große Probleme leben. Ich wollte am nächsten Morgen mit dem König über meine Gedanken sprechen, aber dieser gescheite Mann schaute mich nur verständnislos an, und da schwieg ich.

Unser nächster Rastplatz war auf einer Alm inmitten vieler Schaf- und Ziegenherden. Der Weideplatz, wo sich die Nomaden für die kurze Sommerzeit niedergelassen hatten, lag über 4.000 Meter hoch und bestand aus einer Reihe von kleinen Steinhütten. Unsere Hoffnung war, von ihnen saure Milch oder gar etwas frische Butter zu bekommen. Auch hier oben bestehen die Dächer der kleinen Steinhäuser aus Reisigbüscheln, und die Schindeln sind einfach getrocknete Kuhfladen. Ja, und ganz zuoberst trocknet man den Käse! Im Herbst, wenn es zurück ins Dorf geht, nimmt man einfach die ganzen Dächer als Feuerungsmaterial mit nach Hause.

Dank der königlichen Begleitung durften wir auch beim Buttermachen zusehen, was sonst streng verboten ist, sogar für den freundlichen Nachbarn. Man glaubt, daß wenn jemand zuschaut, der Ertrag um ein Viertel geringer wird. Die Butter wird im Inneren der Hütte in einem der beiden winzigen Räume, dem Vorratsraum, gerührt. Durch abwechselndes Hin- und Herziehen an einem Lederriemen wird der Quirl im Butterfaß gedreht. Dazu singen die Frauen im gleichen Rhythmus. Mein Tibetisch schien für den Text des Liedes nicht gut genug zu sein, denn immer nur verstand ich Zahlwörter. Auf meine Frage schüttelten sie sich vor Lachen – es gäbe gar keinen Text, sie würden nur singend bis 1.500 zählen und dann wäre die Butter fertig. Am Abend kam eine der beiden Sennerinnen zu unserem Zelt und überreichte mir eine Schale köstlicher warmer Dzo-Milch und einen Batzen dicker, schmutziger Butter, die mir voll Freude bestätigte: ich war unter Tibetern.

Wir hatten uns an die Pferde gewöhnt

Ein Priester, der eine
Feldersegnung an-
führt

Nächste Seiten:
Primeln (Primula
macrophylla) am
Rande eines Schnee-
feldes

Ein blühendes Se-
samfeld (Sesamum
indicum)

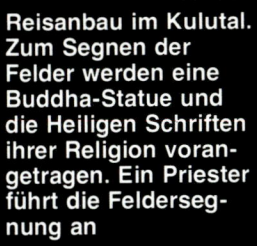

Reisanbau im Kulutal.
Zum Segnen der
Felder werden eine
Buddha-Statue und
die Heiligen Schriften
ihrer Religion voran-
getragen. Ein Priester
führt die Feldersseg-
nung an

Die Blüte des wilden Granatapfels (Punica granatum), rechts daneben eine Wulfenie (Wulfenia sp.)

**Auf 4.000 Meter Höhe
wechselt eine große
Schafherde über den
Rotang Paß in ein
neues Weidegebiet**

Wilde Rosen gibt es
in vielen Farben. Hier
eine gefülltblühende
Fuchsrose (Rosa foe-
tida „Persian Yellow")

Wilde Rosen gibt es
in vielen Farben. Hier
eine gefülltblühende
Fuchsrose (Rosa foe-
tida „Persian Yellow")

und auch die Pferde an uns, und so legten wir den weiteren Weg auf ihren nicht immer geduldigen Rücken zurück. Was uns an diesem Morgen als erstes anhalten ließ und unseren Blick gefangennahm, war der Anblick von etwas, das einer Glocke aus Stein ähnelte und in einer Spitze endete – es war einer der vielen Tschorten, Symbol des Nirwana, und in allen buddhistischen Ländern in unterschiedlicher Größe und Form zu finden. Im nächsten Dorf begrüßten uns nur alte Männer, ein seltsamer Anblick, da auch keine Frau zu sehen war. Der Grund war klar: alle Jüngeren und die Frauen waren auf den Feldern. Obwohl es noch früh im Jahr war, blühten blaue und purpurfarbene Iris, blaßgelbe Anemonen und, wo immer man hinschaute, wilde Rosen in den prächtigsten Farben. Wir besuchten die Leute auf ihren Feldern und schauten ihnen eine Weile bei der Arbeit zu. Sie mußten sich sehr plagen, um die harte, trockene Erde mit einem Holzpflug ein paar Zentimeter tief aufzureißen. Ein Yak oder Dzo zieht den Pflug und durch Zurufen und Singen animieren sie das meist störrische Tier. Eine Landwirtschaft ohne künstliche Bewässerung wäre hier, nördlich des Himalaja-Hauptkammes, undenkbar. Eis- und Schneeberge liefern das so benötigte Wasser, man muß es nur heranführen, und so sieht man rund um alle Dörfer viele Kanäle, die aus den Bergen auf die Felder führen und diese bewässern. Aber trotz aller Mühe ist es nicht viel, was hier wächst. Natürlich die robuste Gerste, das Hauptnahrungsmittel, aber schon eine widerstandsfähige Erbsenart reift hier nicht aus und kann nur als Kraftfutter für die Pferde verwendet werden. Wenn die Gerste geerntet und durch darauf Herumtrampeln gedroschen ist, wird sie auf einem scharfen Feuer geröstet und in kleinen, von Wasser angetriebenen Mühlen gemahlen. So entsteht das bekannte Tsampa-Mehl, das jeder Reisende dieser Länder schon mit Tee, Bier oder Milch vermengt, als sättigende Mahlzeit kennengelernt hat. Bis auf einige Artikel, die für sie Luxus bedeuten, wie Zucker, Reis oder Petroleum, die mit Karawanen ins Land gebracht werden, könnten die Menschen in Sangkar völlig autark leben, denn sie produzieren ihre notwendigen Lebensmittel und ihre Kleidung selbst.

Überall sehen wir die aus losen Steinen aufgeschichteten Steinmauern, die die Haustiere daran hindern, die kostbaren jungen Pflanzen und die Rinde der Bäume zu fressen. Und natürlich wieder in Überfülle die wilden Rosen.

Es ist schon später Nachmittag, und wir müssen unsere Pferde ein wenig antreiben, zu viel gab es zu sehen und zu erleben, und die Zeit raste davon. Aber nun lag am Fuße einer Felswand das kleine Dorf Kar-Tscha vor uns und darüber die weißen und roten Steinmauern des gleichnamigen Klosters in goldenes Abendlicht gehüllt. Es sieht aus wie eine Festung mit seinen vorspringenden Balkonen, die über dem luftigen Abgrund hängen. Hölzerne Fahnenstangen,

105

die aussehen wie geschlossene Regenschirme, begrenzen die Ecken des Daches. Kar-Tscha ist das größte Kloster in Sangkar und untersteht Ngari-Rinpotsche, dem jüngsten Bruder des Dalai Lama. Über dem Klosterbau erheben sich die Ruinen einer alten Anlage, die schon seit Jahrhunderten unbewohnt ist und von wo aus in vergangenen Zeiten die übrigen Klöster durch Feuerzeichen vor den anrückenden Feinden, den Mohammedanern, gewarnt wurden. Durch ein Tschörten-Tor, an dessen Decke ein Zauberkreis gemalt ist, gelangen wir in den Bereich des Klosters. Die Klosteranlage ist nur zu Fuß zu erreichen, unsere Pferde mußten wir unten im Dorf lassen. Auch das Wasser für die vierhundert Mönche wird täglich über einen schmalen, aus dem Fels gehauenen Pfad, mühsam nach oben getragen. Wir hatten es leichter, und als wir ohne Gepäck auf der höchsten Klosterterrasse standen, belohnte uns ein zauberhafter Blick weit über das Sangkar-Tal bis zu den schneebedeckten Gipfeln östlich der Hauptstadt Padum.

Zufällig war der erste Mönch, der mir begegnete, ein alter Freund aus Lhasa, der jetzt Schatzmeister von acht Klöstern dieses Bezirkes ist. Er sprach nicht Ladakhi, sondern das schöne Lhasahochtibetisch, und es war eine Freude für mich, diesen alten, vertrauten Tonfall zu hören. Wir wollten natürlich etwas über die Geschichte des Klosters erfahren, und so erzählte er uns die Legende seiner Erbauung. Das Ur-Kloster lag einige

Kilometer entfernt von hier auf einem anderen Felsen. Es waren große Vögel, die zum Entsetzen der Mönche immer wieder kostbare Kultgegenstände raubten und hier zu diesem Fleck trugen, wo heute Kar-Tscha steht. Für die Klosterinsassen war dieses merkwürdige Verhalten der Vögel ein Omen, das sie natürlich befolgten, indem sie hier ein Kloster erbauten. Wir besuchten den kleinen Tempel der Klosteranlage, und ich ließ mir die vielen verstaubten Thangkas zeigen, die alt und sehr kostbar sind. Eine besonders wertvolle Figur des „Gottes der Gnade", dessen Wiedergeburt der Dalai Lama ist, steht fürsorglich in einem verschlossenen Glaskasten.

Mein Freund aus Lhasa ermöglichte uns am nächsten Morgen, an einer Orakelbefragung teilzunehmen. Ich kannte Orakel von Lhasa her, wo das berühmte Staatsorakel eine große Rolle bei allen wichtigen Entscheidungen spielt. Orakel sind immer medial veranlagte Menschen, die mittels Gebeten und Meditationsriten in der Lage sind, sich zu konzentrieren und sich dadurch in einen Trancezustand zu versetzen. Meistens sind es im Zölibat lebende Mönche, aber auch weltliche Frauen und Männer können diese Gabe besitzen. Das Medium ist nichts weiter als die Hülle für einen Gott oder Geist, der von ihm Besitz ergreift. Voll Spannung sitzen wir im Klosterhof und schauen auf das Orakel von Kar-Tscha. Nach murmelnden Vorbereitungen verdrehte er die Augen, bewegte sich immer heftiger im gleichen Rhythmus, und wir wußten, das überirdische Wesen hatte von ihm Besitz ergriffen. Von nun an sprach aus ihm nur noch die göttliche Stimme und ein Betreuer, der ihm assistierte, übersetzte die für mich unverständlichen Worte. Zuerst sprach er über den Dalai Lama, dessen Rückkehr nach Tibet er voraussagte, „denn die Religion wird immer siegen". Da wir noch eine lange Reise vor uns hatten, fragte ich ihn nach deren Ausgang. „Die Götter werden euch beschützen, sorgt euch nicht, alles wird gutgehen."

So brechen wir fröhlich auf, begleitet von einem Sandsturm, der über den Boden des Sangkar-Tales fegt und das Ende des Winters anzeigt! Wir haben Zeit und können kleine Umwege machen, um möglichst viel von diesem Tal zu sehen. Diesmal hat es sich gelohnt. Abseits vom Wege entdecken wir mitten in einem Geröllfeld eine hohe Gebetsfahne. Daneben war ein kleiner Altar aufgebaut und auf dem Boden saßen einige Mönche. Von allen Seiten kamen sie herbeigeeilt, und es war ein heiterer Anblick, diese geschäftigen Mönche in ihren gelb-roten Gewändern auf den Altar zugehen zu sehen. Ohne anzuhalten, legten sie sich mit gefalteten Händen vor ihm nieder und setzten sich dann zu den anderen, die schon in ihre Gebete vertieft waren. Ein älterer Mönch lud mich ein, an ihrem Freiluft-Gottesdienst teilzunehmen, der drei Tage dauern sollte. Es war ein Gottesdienst zum Segnen der Felder und für jene Verstorbenen, die sich im Zwischenreich zur nächsten Wiedergeburt befinden. Am Kopfende, nahe des Altares, sitzt der Trimpön, jener Mönch, der für die Einhaltung der religiösen Gesetze verantwortlich ist. Von großer Bedeutung – neben den Gebeten – ist das ständige Herumreichen von frischem, heißem Buttertee. Von den Novizen wurde für diesen Zweck ein Zelt errichtet und ein Kochkessel provisorisch in die Erde gemauert. Der Koch läßt immerzu frisches Wasser dazuschütten, das in großen, wunderschön geformten und blank geputzten Kupferkannen von den jungen Mönchen herbeigeschleppt wird. Mit trockenem Dornengestrüpp, das eine große Hitze entwickelt, wird in diesem Kessel schwarzer Tee gekocht. Salz und oft auch etwas Soda wirft man Hände voll hinein, und wenn die Teeblätter genügend ausgekocht sind, werden kleinere Mengen in schöne Kupfer- oder Silberkannen abgefüllt. Jetzt kommt die meist ranzige Butter dazu, und man schüttet alles in ein hohes, schmales Faß, in dem die Flüssigkeit wie in einem Mixer vermischt wird. Nun kommt die Tee-Fett-Mischung wieder zurück in den großen Kessel, und das wird so oft wiederholt, bis es eine richtige Suppe geworden ist – der berühmte Buttertee, von Novizen immer wieder in die kleinen, hölzernen Schalen der Mönche gefüllt. Es ist eine irrige Ansicht, wenn man glaubt, die Butter für den Tee müsse ranzig sein. Natürlich hätte man auch hier lieber frische Butter, aber die Transportwege sind meist so lang, daß diese dann halt öfter ranzig 107 als frisch an ihrem Bestimmungsort ankommt.

Das Gebet hat bereits begonnen, ich zähle etwa achtzig Mönche, aber immer noch kommen Nachzügler den Hang herauf, meist alte Mönche, die sich auf Stöcke stützen. Wer jemals einen solchen Gottesdienst mitgemacht hat, sei es im düster-kalten Versammlungssaal eines Klosters, oder hier auf einer sonnenüberstrahlten Geröllhalde, wird dieses Erlebnis nie vergessen. Vor allem die eindringlichen, monotonen Litaneien werden uns lange im Ohr bleiben. Immer wieder ertönt das „Om mani padme hum", jene heilige Formel, „Oh, Du Kleinod in der Lotosblüte".

Um die Hauptstadt Padum zu erreichen, müssen wir das ganze Sangkar-Tal durchqueren. Der Fluß hat sich in viele Arme geteilt, und so ist es möglich, zu Fuß oder zu Pferd durch Furten an das andere Ufer zu gelangen. Wir mußten sehr früh aufstehen, denn gegen Mittag, wenn die Schmelzwasser das Tal erreichen, ist ein Durchwaten unmöglich. Es war ein herrlicher Morgen. Kleine Wolken flogen über den blauen Himmel und warfen ihre Schatten auf die noch zartgrünen Gerstenfelder. Vögel stiegen schwingend und singend in den Himmel, und gleißendes Sonnenlicht erfüllte den unbeschreiblich schönen Morgen. Ich ging alleine voraus, denn ich wollte versuchen, diese Stimmung im Bild festzuhalten: das zarte Grün der Felder und das Rosa, Gelb und Purpur der wilden Rosen zwischen betäubend duftenden

Tamarisken. Meine Begleiter hatten mich bald eingeholt, und es dauerte nicht mehr lange, bis wir auf einem Hügel Padum liegen sahen. Von weitem sehen die Felsen des Hügels wie Häuser aus, aber erst beim Näherkommen entdeckt man die wirklichen Häuser, die alles andere als schön sind. Es gibt nichts, was uns hier aufhalten könnte, und da es bis zur Residenz meines königlichen Freundes noch zwei Tage zu reiten sind, brechen wir nach kurzer Teepause auf. Der inzwischen zum Strom gewordene Sangkar-Fluß konnte nun weder durchwatet noch mit dem Pferd durchritten werden. Die Pferde mußten wir zurücklassen, und nur über eine wackelige Hängebrücke konnten wir das andere Ufer erreichen. Zögernd betraten wir dieses riskante Bauwerk, das hoch über dem Fluß im Winde schwankte. Die Konstruktion war denkbar einfach. Die Erbauer hatten zwei aus Weideruten und Birkenzweigen gedrehte Seile um zwei aus der Erde ragende Steine gewunden, später war als „Verbesserung" ein Drahtseil dazwischen geschlungen worden. Ein Rutenbündel bildete den Mittelsteg, der jeweils im Abstand von einem Meter mit dem Geländer verbunden war. Es ist ein solches Gewackel, daß man vollauf damit beschäftigt ist, auf seine Fußstellung zu achten und nicht mehr an die Hände denken kann. Da aber überall aus dem Seil scharfe Spitzen herausragen, empfiehlt es sich, bei dieser Überquerung Handschuhe zu tragen, da man sich sonst arg verletzen würde.

Während wir vorsichtig tastend einen Fuß vor den anderen setzten, huschten die Leute von Sangkar wie die Wiesel über die Brücke, oft noch beladen mit Gepäck oder einem Schaf über den Schultern.

Kurz vor der Residenz hatten wir noch einen Aufenthalt. Norbu, der Königssohn, dankte den Göttern mit einer weißen Glücksschleife für die gesunde Heimkehr von langer Pilgerfahrt. Diener waren ihnen entgegengeeilt, um den Sohn ehrfurchtsvoll durch den letzten Bach zu tragen, und für den König stand schon ein gutes Pferd bereit. Es war ein kleines Volksfest, immer wieder wurden wir aufgehalten und von den Bewohnern ihres Ortes, Zang-La, herzlich begrüßt. Sieben Monate waren Vater und Sohn auf Pilgerfahrt gewesen, hatten die heiligen buddhistischen Stätten in Benares und als Abschluß den Dalai Lama besucht. Dies war Grund genug, um die gesunde Heimkehr fröhlich zu feiern. Bald war das ganze Dorf versammelt. Für den König hatte man einen Teppich ausgebreitet, auf dem er Platz nahm und dort bald freudig von seinen Sangkar-Apso-Hunden begrüßt wurde. Sie überkugelten sich vor lauter Wiedersehensfreude. Tschang, das tibetische Bier, wurde gereicht, und überall strömten Weihrauchgefäße einen angenehmen Duft aus. Das Dorforchester bestand nur aus einer oboenartigen Flöte und zwei Trommeln, aber es war unermüdlich und trug entscheidend zu der fröhlichen Feststimmung bei. Der Tschang, ein recht starkes Gerstenbier, zeigte bald seine Wirkung, und so dauerte das Fest bis spät in die Nacht. Männer und Frauen tanzten abwechselnd oder auch zusammen, und niemand dachte ans Schlafengehen. Auch als die Königsfamilie sich längst zurückgezogen hatte, und wir gemütlich und etwas beduselt vom schweren Tschang in unseren Schlafsäcken lagen, klang die Musik noch vom „Festplatz" her, bis in die frühen Morgenstunden.

Am nächsten Morgen wurde ich in das Haus des Königs eingeladen. Es unterschied sich nur in der Größe von den anderen Häusern, sonst war es ganz gleich. Ich mußte mich tief bücken, um durch die Türe zu kommen. Unebene Steinplatten und gestampfter Lehm bildeten einen finsteren Gang, der durch einen schmutzigen Vorhang ins Wohnzimmer führt. Man bewirtet uns mit süßem Tee, serviert in Tassen der Volksrepublik China. Sie sind aber auch das einzige, was daran erinnert, daß wir uns nicht mehr hunderte Jahre zurück befinden. Die Thangkas, die Teppiche, die Kannen, alles ist uralt.

Wir verbrachten unsere Zeit in Zang-La mit Herumwandern im kleinen Dorf, mit Besuchen in den Häusern und zum Abschluß mit der Teilnahme am Auftreten eines Medizinmannes. Ich hatte mich schon am Tag zuvor dafür interessiert, womit die Leute hier ihre Krankheiten behandeln, und bin immer wieder auf „Schiladschjit" gestoßen. Es wird aus einem Stein gewonnen, den man hier in den Bergen findet, und der den Bauern und Nomaden einen kleinen Verdienst verschafft. Sie kochen ihn aus und der Extrakt wird als wertvolles Heilmittel verkauft. Es soll praktisch gegen alle Krankheiten helfen, und in einem indischen Medizinbüchlein fand ich alles aufgezählt, für das Schiladschjit eine heilende Wirkung hat. Mich erinnerte es sehr an unsere Teersalbe, die ja auch in den Alpen für Mensch und Tier als Heilmittel beliebt ist. Unsere Karawanenführer benutzten Schiladschjit zum Beispiel, um die von den hölzernen Sätteln wundgeriebenen Pferderücken zu behandeln. Ärzte in unserem Sinn gibt es nicht, und ihre Funktion wird zum größten Teil von Mönchen ausgeübt, die als Heilkundige ausgebildet sind und ein großes Wissen von Kräutern und Mineralien haben. Aber auch Medizinmänner, Magier und Orakel, die noch auf den Erkenntnissen und Erfahrungen vorbuddhistischen Schamanenglaubens ihre Praxis ausüben, erfreuen sich enormer Beliebtheit und großen Vertrauens.

Schon früh am Morgen waren viele Frauen mit ihren Kindern herbeigeeilt in der Hoffnung auf Linderung oder Heilung ihrer Leiden. Der Medizinmann aber war noch nicht so weit. Zunächst nahm er auf einem Teppich vor einem kleinen Tischchen Platz und begann reichlich Tschang zu trinken. Schließlich mußte er in Trance fallen, und mit Tschang ging das natürlich schneller, und der Gott oder Geist konnte von ihm Besitz ergreifen. Auf dem kleinen, bunt bemalten Tisch, der als Altar diente, standen allerlei Kultgegenstände wie Schüsselchen mit Gerstenkörnern, Tsampamehl, Wasser, Amulette und Weihrauch. Neben ihm saß sein Assistent, der mit einem qualmenden Wacholderzweig feindliche Geister vom Medizinmann fernhielt. Mit Glocke und einer Doppeltrommel, einer Damaru, begann er, sich in Ekstase zu steigern, bis der Körper zu zittern begann. Auf dem kahlgeschorenen Kopf trug er eine fünfzackige Stoffkrone, die unter den Zuckungen von Händen und Füßen bald zu Boden fiel. Sein Gesicht sah man nicht, es war mit einem schmutzigen Tuch vermummt. Plötzlich hat der Gott von ihm Besitz ergriffen und der Lha-Pa, „Gottgeher", ist nun bereit, die Wünsche seiner Patienten zu erfüllen. Die erste Patientin setzt sich vor den Lha-Pa auf den Teppich und schildert ihre Schmerzen im Knie! Nachdem sie es entblößt hat, beginnt er durch sein Tuch an der kranken Stelle zu saugen und spuckt zwischendurch die Krankheit in eine mit Wasser gefüllte Schale. Glaubt er, die Krankheit herausgesogen zu haben, bedeckt er die Stelle mit Reiskörnern und spuckt darauf. Mehrere Frauen deuteten auf ihre Brust, und bei einer von ihnen saugte er so stark, daß er Blut ausspie. Kein Wunder, daß sie vor Schmerz stöhnte.

Ich fotografiere diese interessanten Szenen während des ganzen Vormittags, daß dann eine meiner Kameras plötzlich streikte, hat sicher nichts mit den magi-

schen Kräften des Orakels zu tun. Nach Abschluß der Behandlungen setzte sich der Medizinmann wieder vor seinen Altar, und mit Doppeltrommel und Glocke beendete er seinen Trancezustand und kehrte, nur sehr langsam, stöhnend und mit Schweiß bedeckt, in unsere Welt zurück.

Auch für uns hieß es heimkehren, zurück in eine Welt voll ungelöster Probleme. Noch ist es hier in Sangkar wie vor hundert Jahren, aber die Bemühungen, dieses zauberhafte Tal aus seinem Dornröschenschlaf zu erwecken, haben schon begonnen. Mit dem Straßenbau wird sich das Leben dieser Menschen wesentlich verändern. Die Schwierigkeiten sind vorläufig fast unüberwindbar. Alles muß mit der Hand gemacht werden, es gibt keine Maschinen, und immer wieder verschütten Stein- und Erdlawinen die schon fertigen Straßenabschnitte. Mindestens zwei Monate wird man jedes Jahr nach der Schneeschmelze benötigen, um die Straße wieder befahrbar zu machen. Und wenn sie einmal befahrbar ist, werden nur Geländewagen auf ihr fahren können. Die Versorgung der Bevölkerung wird sich dadurch verbessern, dennoch wird die Unzuverlässigkeit der Technik, die ich auf jeder Expedition erfahren konnte, bleiben. Ein LKW, dem hier die Achse bricht, kommt nie an. Eine Karawane hingegen, auch wenn sie mehr Zeit braucht, wird immer ankommen und sicher ihr Ziel erreichen. Die negativen Auswirkungen sieht man bereits dort, wo die Straße fertig ist:

abgerissene europäische Kleider sind begehrter als die alten Trachten aus Schafwolle und einen Transistor zu besitzen ist wichtiger als ein Pferd. In Sangkar ist es noch umgekehrt – wie lange? Ähnliche Erkenntnisse hat es auf der ganzen Welt gegeben, und auch bei uns kam die Einsicht, Altes zu schätzen und zu erhalten, spät, oft zu spät. Das sollte man als verantwortungsbewußter Tourist berücksichtigen, wenn man in Länder und Kulturen eindringt, wie z. B. hier in Sangkar. Mit unseren Erfahrungen können wir ihnen helfen, ihre Tradition zu wahren, ohne ganz auf die Vorteile der modernen Zeit verzichten zu müssen.

Unserer Karawane hatte der Schamane eine gute Heimkehr vorausgesagt, womit er recht behielt. „Dschule" sagten wir dann zum Abschied, ein Wort, das wir täglich viele Male gehört hatten, es bedeutet so viel wie „Guten Tag", aber auch „Auf Wiedersehen".

Heilige Männer an der Quelle des Ganges

Der erste Wasserfall und der kahle Stein am Bhagirathi, dem westlichen Quellfluß des Ganges, sind geeignete Plätze zum stundenlangen Meditieren – siehe auch die nächsten Seiten

Meditierender Guru im Quellgebiet des Ganges Übernächste Seiten: Die Garhwal-Berge sind 6.000 bis 7.000 Meter hoch

Heilige Männer und
Pilger auf dem Weg
zur Quelle des Gan-
ges

Die Waschung im eiskalten Gletscherwasser des Ganges gehört zu den Ritualen

Über hundert Stellungen beherrscht dieser Jogi – siehe auch die nächsten Seiten

123

Schon jahrelang lebt
er zurückgezogen in
einer einsamen Höhle.
Auch die harten Win-
ter in Eis und meter-
hohem Schnee ver-
bringt er dort

Sechzig Jahre alt ist
dieser Asket am Glet
schertor des Ganges

Der frühe Morgen in Lata war voller Wolken, die sich erst langsam in der aufgehenden Sonne auflösten. Ich stand alleine vor meinem Zelt und dachte darüber nach, warum man wohl immer von dem „Lure of the East" spricht. Auch ich war dieser Anziehungskraft schon seit dem Tage verfallen, als ich im Sommer 1939 zur Teilnahme an einer Nanga-Parbat-Expedition aufgefordert wurde. Viele Jahre sind inzwischen vergangen, und es gab kein einziges, in dem ich nicht meiner Sehnsucht gefolgt wäre.

Ich ging einen kleinen, bewaldeten Pfad entlang und erfreute mich an den vielen Anemonen, die umso zahlreicher wurden, je höher ich kam. Butterblumen breiteten sich wie ein goldener Teppich über den vom Tau noch feuchten Boden aus. Schaf- und Ziegenherden, die hier in 3.000 Meter Höhe grasten, überholten mich auf meinem schmalen Weg. Mir fiel ein, daß Holdsworth in dieser Gegend die Paeonia emodii gefunden hatte, aber ich konnte sie nirgends entdecken.

Auf meinem Weg zur Quelle des Ganges wollte ich noch etwas finden: das Dorf und jenen Inder vom Stamme der Garhwalis, der mir auf meiner Flucht aus dem Gefangenenlager in Dehra-Dun ein unvergessenes Beispiel an Treue und Ehrlichkeit dieser Menschen gegeben hatte. Es war nach meinem zweiten Fluchtversuch, daß ich in der Nähe des Dorfes Dharali von Indern entdeckt und gefangengenommen wurde. Zwei Nächte verbrachte ich in dem kleinen Dorf, und es gelang mir in dieser kurzen Zeit, mit einem Garhwali meiner Bewachung Freundschaft zu schließen. Auf dem Weg zurück ins Lager trug er mir sogar meinen schweren Rucksack und freute sich, mit mir in Hindi zu reden, was ich ganz gut konnte. Einmal sagte er zu mir: „Ich mag dich so gerne, denn du erinnerst mich an einen Sahib, der aus Europa gekommen war, um uns in der Forstwirtschaft zu beraten. Ich war sein Diener und mußte auf allen Märschen seine kostbare Kamera tragen. Eines Tages fiel sie mir auf einen Stein und war kaputt. Ich zitterte und erwartete furchtbare Strafen! Aber er hat mich nicht gescholten und sagte kein Wort des Vorwurfs. Das habe ich nie vergessen, und weil du ihm so ähnlich bist, möchte ich dir etwas Gutes tun." Ich wußte gleich, um was ich ihn bitten konnte. Mein Rucksack war noch nicht durchsucht, und daher hatten die Inder weder meine Gold- und Silbermünzen, noch meine Wörterbücher, gezeichneten Landkarten, Kompaß und andere für die Flucht wichtigen Gegenstände entdeckt. Als wir an seinem Bauernhof vorbeikamen, bat ich ihn, meinen für mich kostbarsten Besitz aufzubewahren und in einem Jahr — es war dann wieder Mai — jede Mitternacht des ganzen Monats auf mich zu warten. Es schien mir eine kleine Chance, denn im Lager hätten mir die Engländer alles abgenommen. Manchmal habe ich während dieses Jahres an ihn gedacht, aber mich nicht auf ihn verlassen. Ich sammelte neue Münzen, machte mir Kompaß und Landkarten, und so verging das Jahr bis zum Mai im Fluge. Entlang des Ganges schlich ich mich nach geglücktem Ausbruch zwischen Geröllbrocken durch das helle Mondlicht. Nun war es ein Vergnügen, den inzwischen bekannten Weg dahinzuwandern, und die Freude über das schnelle Vorwärtskommen ließ mich meinen schweren Rucksack vergessen. So gelangte ich ohne Zwischenfall bis zum Bauernhof meines indischen Freundes, der genau vor einem Jahr mein Geld und meine Sachen in Verwahrung genommen hatte. Absichtlich ging ich nicht gleich hinein, sondern versteckte zuerst meinen dreißig Kilo schweren Rucksack weit oben in den Bergen, denn ein Verrat an die Engländer lag ja immer im Bereich des Möglichen. Zudem war Krieg, und mein Garhwali verdiente als Forstarbeiter nicht mehr als 20 Rupien im Monat. Ich übernachtete in der Höhle, die mein Versteck war, und schlich mich in der nächsten Nacht ohne Gepäck an sein Bauernhaus. Der Mond schien hell auf das Dach. Ich verbarg mich im Schatten des Stalles und um Punkt zwölf rief ich zweimal leise seinen Namen „Padamtschand, Padamtschand!" Nie werde ich diesen Namen vergessen. Da ging auch schon die Türe auf, er stürzte heraus und auf mich zu, warf sich zu Boden und küßte meine Schuhe. Tränen der Freude liefen über seine Wangen. Rasch zog er mich in die abgelegene Tenne, an deren Tür ein ungeheures Schloß hing. Mit einem Kienspan beleuchtete er den

Raum und sperrte eine Truhe auf. Da lagen alle meine Sachen, sorgsam eingenäht in saubere, weiße Baumwollsäckchen. Alles war da, was ich ihm vor einem Jahr übergeben hatte. Voll Rührung über seine Treue packte ich die Sachen aus und teilte das Geld mit ihm, denn alles andere war für mich ja ungleich wertvoller. Seine Frau brachte mir einen Topf dampfender Kartoffeln, die ich mit Heißhunger verschlang. Ich bat ihn, mir von meinem Geld bis zum nächsten Tag Lebensmittel und eine Wolldecke zu kaufen. Er versprach es und schenkte mir noch eine handgewebte Wollhose und einen Schal.

Den nächsten Tag schlief ich im nahen Wald, und am Abend holte ich meine Sachen ab: Fett, Rohrzucker, Kartoffeln und einige runzlige Äpfel. Er begleitete mich noch ein Stück des Weges und ließ es sich nicht nehmen, mir einige Kilo Nahrungsmittel zu tragen, doch der Arme war ziemlich unterernährt und konnte nicht mit mir Schritt halten. So bat ich ihn bald, umzukehren, und nach einem herzlichen Abschied war ich wieder allein.

Jetzt, nach langen Jahren, wo man das Ganges-Tal geöffnet hat, war mein erster Weg in dieses Dorf. Ich erfuhr, daß mein Freund längst gestorben war und sein Sohn in einer indischen Bergsteigerschule tätig war.

Das Ziel meiner Expedition war diesmal der östliche Ursprung des Ganges. Schon vor Jahren erlebte ich ein Fest der Hindus, das nur alle zwölf Jahre stattfindet.

Dann strömen etwa zwölf Millionen Menschen nach Hardwar, jener Stadt, wo der Ganges aus den Schluchten des Himalaja in die Ebene hinaustritt. Diese gewaltige, religiöse Schaustellung erweckte in mir den Wunsch, mich etwas näher mit dem Hinduismus zu befassen und einige der berühmtesten Pilgerstätten zu besuchen. Der andere Anlaß dieser Reise waren wissenschaftliche Forschungsarbeiten, die meine belgischen Freunde, Botaniker der Universität Brüssel, in einem Hochtal ausführen wollten. So ergab sich für mich wieder einmal die erhoffte Kombination des Studiums von Menschen und Blumen.

Nach Hardwar erreichten wir den Zusammenfluß der beiden großen Elternströme des Ganges, den Bhagirathi und den Alaknanda. An allen Mündungen von Flüssen findet man Orte, deren Namen mit Prayag enden, wie Deoprayag hier am Zusammenfluß von Bhagirati und Alaknanda. Prayag kann man mit „Stätte des großen Opfers" übersetzen, und jeder Pilger wird hier verweilen, seine Gebetsübungen verrichten und vor allem ein Bad nehmen. Es befreit ihn von Sünden und Verfehlungen aus dem gegenwärtigen oder vergangenen Leben.

Als ich mich vor dreißig Jahren als Flüchtling mit 30 kg Gepäck auf dem Rücken in dieser Gegend bewegte, konnte ich es nicht einmal wagen, die engen Gebirgspfade zu benutzen. Jetzt war alles viel bequemer. Aus strategischen Gründen hatten die Inder eine Straße gebaut, auf der man mit dem Bus die Pilgerstätten erreichen kann. Dennoch ist es eine recht abenteuerliche, wilde Fahrt. Die Straße ist streckenweise so schmal, daß nur Einbahnverkehr möglich ist. Alle zwei Stunden wird die Fahrtrichtung gewechselt. Trotzdem muß man vorsichtig fahren, weil auf der Strecke liegengebliebene Fahrzeuge inzwischen wieder repariert worden sind und trotz Verbot die Fahrt in beliebiger Richtung fortsetzen. Die Höhe und Breite der Fahrzeuge wird bestimmt durch die überhängenden Felsen, deshalb werden die Autos von einem Beamten am Kontrollpunkt gemessen, bevor man sie losfahren läßt. Die Strecke windet sich an den steilen Hängen bis tausend Meter über den Talboden hoch, und Steinschlag und Erdrutsche verhindern immer wieder die Weiterfahrt. Das letzte Stück zu unserem Ziel mußten wir zu Fuß zurücklegen. Für mich war dies eine willkommene Gelegenheit, mich mit einigen Pilgern zu unterhalten. Sie hatten bereits 300 km zu Fuß zurückgelegt, meist barfuß oder nur mit primitivem Schuhzeug bekleidet. Einige von ihnen waren voller Geschwüre und hatten ihre eiternden Wunden mit alten, schmutzigen Lappen umwickelt. Viele von ihnen erreichen nie ihr Ziel, und die vielen Opferstätten am Wegesrand bezeugen, daß hier ein besonders heiliger Mann gestorben ist. Diese gläubigen Menschen besitzen fast nichts. Eine Wasserflasche oder Teekanne, vielleicht noch eine alte Decke, ist das einzige, was

131

sie mit sich führen. Niemals würden sie einer Aufforderung, in unserem kleinen Bus mitzufahren, nachkommen. Es begegnen uns auch Männer, die nackt durch die kalten Schluchten pilgern. Sie erhoffen sich durch diese harten Kasteiungen, schneller aus diesem Erdenleben erlöst zu werden, um das Nirwana zu erreichen. Aber man begegnet nicht nur Asketen und alten Leuten, sondern auch Beamten, Kaufleuten und Handwerkern, die nach der Pilgerfahrt wieder zu ihren Arbeitsplätzen zurückkehren. Alle erhoffen sich die Auflösung aller Leiden in Harmonie und Seligkeit.

Unser Zelt hatten wir etwas außerhalb des Dorfes Lata aufgeschlagen, und ich genoß dieses Lager nahe des Waldes, den schneebedeckten Gipfeln und den dunklen Abgründen, aus denen sich rauschende Wasserfälle hinabstürzten. Ich machte mir Notizen in mein Tagebuch und stellte mir die Frage, was es wohl war, das diese Menschen dazu trieb, ihr Heim zu verlassen, um diesen langen und beschwerlichen Weg zu ihren Pilgerstätten im Himalaja auf sich zu nehmen. War es allein der religiöse Wunsch nach einem besseren Leben nach dem Tod? Und was waren unsere Motive? Meine Freunde wollten neue Erkenntnisse über die Flora in diesen Höhen finden. Aber ich? Suchte ich die Nähe dieser Menschen, die mir seit meiner Jahre in Tibet so nahestehen? Oder lag die Antwort einfach in diesen Tälern mit ihren Wiesen voller Bergblumen und den schneebedeckten Gipfeln?

Das anfangs erwähnte Dorf Lata, in dem wir unser Forschungslager aufschlugen, liegt 3.000 m hoch. Die Bewohner gehören zum Stamme der Garhwalis wie mein treuer Padamtschand und sind Indogermanen, die rassisch mit den benachbarten Tibetern nichts gemeinsam haben. Große Ähnlichkeit entdeckt man jedoch bei ihren Sitten und Gebräuchen. Diese Übereinstimmungen habe ich bei fast all meinen Expeditionen zu den Bergvölkern der Erde festgestellt, und ich führe sie auf die meist gleichen Lebensbedingungen zurück.

Lata ist charakteristisch für viele kleine Dörfer im Garhwal. Ihre einstöckigen Häuser und ihre mit groß zugehauenen Steinplatten gedeckten Dächer, die durch zusätzliche Steine beschwert sind, erinnern mich in ihrer Gediegenheit an die Häuser in unseren Alpen. Den größten Teil der Arbeit erledigen die Bewohner in einem mit groben Steinen gepflasterten Hof, wo sie ihr Korn dreschen, weben oder Wolle spinnen. Ein notwendiger Zeitvertreib ist das stundenlange gegenseitige Auskämmen der Kopfläuse. Dazu benutzen sie wunderschöne, handgeschnitzte Holzkämme. Ist das kräftige schwarze Haar gesäubert, flechten sie sich Zöpfe in den verschiedensten Variationen, und ich mußte lächeln über den Streit hübscher Frauen in Europa und Amerika, wer wohl die erste war mit unzähligen Zöpfchen auf dem Kopf. In Tibet, Ladakh und Afrika kennt man diese Frisur seit Generationen. Beliebter Treffpunkt für die Einwohner von Lata ist die Quelle des Dorfes, wo sie ihre spärlichen Waschungen vornehmen. Wohl wegen der Kälte wird das Wasser zur Körperreinigung nur sehr sparsam verwendet, und nie sah ich, daß einer von ihnen beim Waschen die Kleider auszog. Diese sind aus schwerer, dunkelfarbiger Schafwolle, natürlich handgewebt, und nur gelegentlich werden sie durch farbige Schals, Schürzen oder Bänder aufgehellt. Wie die Tibeterinnen lieben sie Verzierungen und Schmuck, und die Wohlhabenheit einer Familie ist am Geschmeide der Frau zu erkennen. Das Rohmaterial des Schmuckes ist aus alten Silbermünzen gewonnen. Da aus reinem Silber keine Münzen mehr geprägt werden, ist der Wert ihres Schmuckes entsprechend hoch, und keine Frau würde ihn verkaufen. Die zarten Ziselierungen, die Steine und Rosetten haben keine religiöse Bedeutung, doch meistens ist an der Halskette ein Amulett befestigt, das die Trägerin vor bösen Geistern schützen soll. Nicht nur in ihrer Liebe zum Schmuck besteht eine große Ähnlichkeit mit den Tibetern, auch in der Art und Ausführung der Schmuckgegenstände wurde ich immer wieder an die Ketten und Armbänder der Tibeterinnen erinnert. Wahrscheinlich gab es früher einen lebhaften Handel zwischen Garhwal und Tibet über den Niti-und Mana-Paß, der die Garhwalis einige Güter der Tibeter übernehmen ließ. Auch ihre Werkzeuge haben sie seit Jahrhunderten nicht geändert, und genau wie in Tibet wird das Getreide mit kleinen Handmühlen zu

Mehl zerrieben. Ich habe sogar Frauen gesehen, die die Körner einfach zwischen zwei Steinen zermahlen haben. Diese einfache Art hat einen großen Vorteil, denn beim Mahlen lösen sich Spuren von Mineralien aus dem Stein, mischen sich ins Mehl und nützen der Gesundheit.

Hier in Lata kennt man nur die Einehe, und die Stellung der Frau ist eine sehr einflußreiche. Die älteste Frau hat eine hervorragende Stellung im Familienverband, man hört auf ihren Rat, und sie hat Mitspracherecht in allen Angelegenheiten, die das Dorf betreffen. Töchter sind daher genauso willkommen wie Söhne, ja, sie bringen bei der Heirat ihren Eltern sogar noch einige Kühe, Schafe und Ziegen mit. Der Kinderreichtum ist groß, und die Kinder wachsen glücklich und gesund im Familienkreis auf. Ihr Spielzeug sind kleine Steinchen, die sie mit mehr oder weniger Geschick in die Luft werfen. Während ein Stein in der Luft schwebt, müssen weitere aufgehoben und der in der Luft befindliche wieder aufgefangen werden. Ich habe selten so fröhliche, zufriedene Kinder gesehen wie die „Steinchenwerfer" im Dorfe Lata.

Zu unserer kleinen Expedition gehörten auch sechs junge Tibeter, die Pädagogik studierten und ihre Ferien mit uns verbringen wollten. Obwohl sie keine gelernten Köche waren, konnten sie ausgezeichnet kochen und bereiteten mir alle meine tibetischen Lieblingsgerichte.

Unser nächstes Ziel war das Almgelände in 4.500 m Höhe, wohin die Herden der

Garhwalis während der Sommermonate getrieben werden. Auch außerhalb der Sommermonate treiben sie ihre Herden jeden Tag hinaus, wenn es auch in unserem Sinne keine Weiden gibt. Die Tiere leben eigentlich nur von den Blättern der Bäume und Sträucher, die überall unten herum kahl und abgeknabbert sind. Ohne kräftige Nahrung geben die Kühe höchstens einen Liter Milch am Tag, und wir konnten daher während unseres Aufenthaltes keinen Tropfen kaufen.

Aber wir waren zufrieden mit dem wenigen, was wir hatten. Es ist ja auch der Gegensatz, der mich immer wieder hinauszieht, weg von unserer so gepriesenen Zivilisation. Es bereitet mir geradezu Freude, wenn ich, bis auf die Haut durchnäßt, ranzigen Buttertee trinken kann, oder zähneklappernd in meinen wärmenden Schlafsack krieche. Wieviel Glück liegt doch in diesen einfachen Dingen. Was bedeutet schon Zivilisation, wenn man in Tälern wie diesem die Zufriedenheit und Bescheidenheit der Menschen erlebt, die Scheu, mit der sie kleinste Geschenke annehmen. Mir fielen die Worte ein, die ein Tibeter einmal zu F.S. Smythe gesagt hatte: „Wir wünschen uns nicht eure Zivilisation in Tibet, denn wo immer man sie findet, gibt es Krieg und Unglück."

Ich genoß die frühen Morgenstunden, indem ich ein wenig in der Gegend herumstöberte. Auf den Blumen und Wiesenkräutern lag noch dicker Tau, und die ersten Vögel begannen, ihre Lieder zu singen. Ich empfand die Stille und den Frieden wie ein Geschenk. Ein leichter Morgenwind bewegte die kleinen Blumen, die blauen, dunkelgefleckten Iris, die weißen Anemonen und die seltsamen Nomocharis. Die Vegetation ist sehr üppig. Sträucher und Pflanzen, die bei uns zur Zierde in den Gärten gezüchtet werden, wuchern hier wild in riesigen Mengen und gewaltigen Ausmaßen. Seidelbast, wilde Johannisbeeren und Cotoneaster, bei uns mehr als Büsche bekannt, werden hier regelrechte Bäume. Auch die mannigfaltigen Azaleen- und Rhododendrenarten blühen in allen Größen bis zu üppigen Bäumen.

Über Teppiche von Iris und Primeln stiegen wir gegen Mittag bis zu den Schneefeldern hinauf, wo die erwachende Natur, die wir hier hofften beobachten zu können, noch tief schlief. Doch dafür entschädigte uns das einmalige Bergpanorama, das zu den größten unserer Erde gehört! Wir hatten wieder einmal Glück, am Nachmittag öffneten sich zwar die Wolken nur ganz selten zu einem schmalen Spalt, aber mit dem hereinbrechenden Abend entstand Ruhe am Himmel, und wir erlebten einen Sonnenuntergang, dessen Leuchten auf den 7.800 m hohen Gipfel des Nanda-Devi fiel, der nach der Hindu-Göttin, einer Gattin Schiwas, benannt ist.

Nach einigen Tagen traten wir, zufrieden mit dem Geschauten, unseren Rückweg an. Erst marschierten wir durch hohe Birken, die bald in die Region der Zedern überging. Hier bin ich meinem Lieblingsbaum begegnet: für mich ist die

Deodar-Zeder der schönste Baum der Welt! Leider ist ihr Bestand durch Raubbau und nicht Wiederaufforstung bedroht. Die ständig anwachsende Bevölkerung ist in diesen Tälern gezwungen, immer neue Ackerflächen anzulegen, hinzu kommt, daß man riesige Brände legt, damit in der Asche – als Dünger – das Gras für ihre Herden reichlicher und besser wächst. Ein Teufelskreis – und der angerichtete Schaden ist unübersehbar und kaum wieder gutzumachen. Aber es ist ja leider nicht nur die Zerstörung der Wälder, die so furchtbar ist, sondern auch der ganze Wasserhaushalt gerät aus dem Gleichgewicht, und dies wirkt sich verhängnisvoll bis in die indischen Ebenen aus. In einigen Staaten wie Bhutan hat man diese Gefahren erkannt und strenge Maßnahmen ergriffen, aber leider weiß man hier im Garhwal noch nichts von einer gesunden Ökologie. Die Menschen bebauen ihre Felder, brennen sie ab und befreien sie in mühevoller Arbeit von den immer wieder herunterstürzenden Steinen. Angebaut werden hauptsächlich Gerste, Bohnen und Kartoffeln. Zur Arbeit auf dem Feld benutzen sie einen primitiven Holzpflug, der mit einer Eisenspitze verstärkt ist. Zugtier ist der Dzo, eine Kreuzung zwischen dem indischen Rind und dem tibetischen Yak.

Das Wetter war wunderbar, und so konnten wir den Rückweg nach Lata mit all seinen Naturschönheiten genießen. Ich hatte mir schon bei meiner Ankunft gewünscht, den kleinen Tempel der Göttin Devi zu besuchen, hatte diesen Wunsch aber noch unterdrückt, um erst einmal vertrauter mit den Leuten zu werden. Bei unserer Rückkehr nach Lata fragte ich den Dorfältesten, ob ich den Tempel sehen dürfe und versprach ihm für Devi eine bunte Kette als Opfergabe. Zunächst ignorierte er meinen Wunsch und bot mir einen silbernen Halsring zum Kaufe an. Um ihn bei Laune zu halten, kaufte ich ihm das nicht besonders schöne Schmuckstück gerne ab. Was sich daraus entwickelte, machte sich viele Male bezahlt. Der Handel um den Ring wurde ein richtiges kleines Fest. Einige Männer mit Trommeln und Flöten setzten sich im Kreis um uns herum und begleiteten unseren kleinen Handel mit Musik. Wie schön waren die Instrumente, wie liebevoll die aus Kupfer getriebene Trommel bemalt. Alle Instrumente waren kunstvoll mit der Hand angefertigt. Ich gab mich ganz der bezaubernden Situation hin, genoß die kindliche Freude aller Beteiligten an unserem kleinen Handel und erwähnte mit keinem Wort mehr meinen Wunsch, den Tempel zu sehen. Es dauerte nicht lange, da kam ein Mann zu mir, der sich als Tempelwärter ausgab und mich aufforderte, mit ihm zu gehen. Er brachte mich zu einem großen Felsen, wo er wie im Märchen von Aladin eine schwere, dicke Steinplatte hochhob. Ein unbeschreiblicher Gestank stieg in meine Nase, denn in einem Loch verwesten die Eingeweide vieler geopferter Tiere. Darauf lagen ein paar Münzen, und Schwärme von Fliegen umtanzten die Opfergaben. Jedes Jahr wird hier der Göttin Kali ein großes Blutopfer dargebracht, und dazu erzählte mir der Tempelwärter folgende Geschichte: Einmal, als sie in dieses Loch nur ein halbes Liter Wasser gegossen hatten, blieb das Wasser an der Oberfläche stehen. Als sie aber das Blut zweier Ochsen hineingeschüttet hatten, war es sofort verschwunden. Das Wasser hatte Kali abgelehnt, aber das Blut restlos getrunken. Sie wird immer schaurig dargestellt, ist aber für die Bauern von großer Bedeutung, da sie Symbol der Fruchtbarkeit ist und als Pestmutter gilt. Nie würde man versäumen, ihr das Blutopfer zu bringen, um dadurch Fruchtbarkeit zu erbitten und Krankheiten zu bannen. Bei der Darstellung sind der Phantasie kaum Grenzen gesetzt, aber immer ist sie ein rasendes, tolles, verzückt tanzendes Weib, mit einem Kranz von Totenköpfen geschmückt, und in der Hand eine menschliche Schädeldecke haltend, die mit Blut gefüllt ist. Kali wegen ihrer Darstellung als Ungeheuer, Hexe oder böses Weib zu bezeichnen, wäre falsch. Sie soll einfach den Ablauf unseres Daseins darstellen, der ja aus positiven und negativen Aspekten besteht. Nach ihr wurde die Stadt Kalkutta benannt und als Gattin Schiwas tritt sie auch unter anderem Namen und in anderer Gestalt auf. Gleich neben dem Opferplatz der Göttin Kali steht das Ziel meiner Wünsche, der kleine, sehr alte Dorftempel. Ich zog meine Schuhe aus, und der Wärter zeigte mir nun alles, was

mich so interessierte: die alten Skulpturen, das Maskenhaus, in dem für das herbstliche Opferfest die uralten Tanzmasken aufgehoben werden. Sie sind aus Holz geschnitzt, bunt bemalt und mit Blattsilber beklebt. Man findet solche Masken in allen Teilen des Himalaja, und da ihre Herstellung heilig ist, ersetzen sie oft in kleinen Tempeln, wie hier in Lata, die kostbaren Götterstatuen. Sie symbolisieren die eisigen Berggipfel, die tiefen Schluchten und die ewigen Wälder, in denen ihre Götter wohnen, die sie lieben und respektieren. Mir erscheinen diese Masken mit ihrer lebendigen Ausdruckskraft und ihrer einfachen handwerklichen Ausführung oft schöner und ausdrucksvoller als manche kühle Goldstatue. Neben dem Hauptbild des Gottes Schiwa im Tempel lagen auch kleine Buddhafiguren aus Ton und die Hörner von Schafen, die von tibetischen Salzkarawanen als Opfergabe niedergelegt wurden. Es ist nichts Ungewöhnliches, daß Buddhisten in einem hinduistischen Tempel ihre Opfer darbieten und auch ihre Religion ausüben dürfen. Es ist charakteristisch für den Hinduismus, daß er tolerant gegen alle anderen Religionen ist. Der Hinduismus hat keinen Religionsstifter, kennt keine allgemein verbindliche Dogmatik und will vor allem niemanden bekehren. Es ist ein Wesenszug des Hinduismus, daß er nicht auf die Erfüllung bestimmter frommer Riten besteht, sondern Wege gefunden hat, daß jeder Mensch sich Gott auf seine Weise nähern kann. Es zählt dabei weder

Mohammedanischer
Hirte treibt seine
Herde über den Hima
laja auf die Sommer-
weide. Sein Bart ist
mit Henna gefärbt

Ein Teppich von
Mannsschild (Andro-
sace sarmentosa)
bedeckt den Talboden
von Sangkar

Eine Kashmiri hält
eine kostbare Safran-
zwiebel in der Hand

Kashmiri – Frau, die
eine Schafherde über
den Himalaja begleitet

141

Die Himalaja-Schwert-
lilie (Iris hookeriana)
ist die im Himalajage-
biet am meisten ver-
breitete Blume

Der Autor und ein Mönch aus der Medizinschule des Dalai Lama mit seinen Schülern beim Kräutersammeln

Alter noch soziale Stellung. Überzeugendste und bedeutendste Gestalt dieser Religion in unserer Zeit war der große Mahatma Gandhi. Für die Bewohner des Himalaja-Gebietes ist wohl das wichtigste Symbol des Schiwa-Kultes der Lingam oder Phallus. Er versinnbildlicht die schöpferische, männliche Kraft, und für die Menschen des Himalaja symbolisiert er die gigantischen Berge, die sie umgeben.

Die Ursprünge des Hinduismus reichen zurück bis weit in die Vorgeschichte. Die ersten Hymnen und Gebete, die „Vedas", sind nach Auffassung westlicher Wissenschaftler 3.500 Jahre alt, während die Hindu glauben, daß sie am Anfang aller Zeiten bestanden haben.

Schweren Herzens verlassen wir die Gegend mit ihrer unbeschreiblichen Blumenpracht, die einen alles vergessen läßt. Ich hatte großes Glück, daß ich alles fotografieren konnte: den blauen Mohn, die Brahma-Lotos, Edelweiß und Primeln, die sich oft wie Teppiche über die dunklen, von Feuchtigkeit glänzenden Steine ausbreiten. Abschied nahmen wir auch von einer Stille und einem Frieden, die durch nichts gestört wurden.

Es war ein strahlender Morgen, als wir das Alaknanda-Tal hinauf nach Badrinath wanderten. Die Sonne war nicht mehr heiß und stechend wie einige Wochen zuvor, sondern wärmte uns angenehm. Auch die Farben der Landschaft hatten sich geändert, man sah Felder, die noch nicht abgeerntet waren, golden in der Sonne leuchten und die

Hügel schimmerten braun und gelb. An einem der Berghänge entdeckten wir einen Ashram, eine Eremitage, in der ein Einsiedler lebte. Er betreute eine inzwischen zum Pilgerplatz gewordene Höhle, in der ein heiliger Klausner gelebt hatte. Dieser Mann hatte sein Leben ganz der Religion gewidmet, lebte in seiner Höhle und wurde von den umwohnenden Bauern oder vorbeiziehenden Pilgern mit dem Lebensnotwendigen versorgt. Bei unserem Besuch in diesem Jahr war er nicht alleine. Es lebte noch ein uralter Mann bei ihm, der gekommen war, um an dieser heiligen Stelle zu sterben. Der Tod ist für den Hindu nichts Endgültiges, denn nach der Lehre des Karma wird sein Schicksal nach dem Tode von seinem abgelaufenen Dasein bestimmt. Entsprechend seiner guten und bösen Taten wird er im Himmel, in der Hölle oder auf Erden als Mensch, Tier oder Pflanze wiedergeboren und das so oft, bis er zum göttlichen Menschen, zum Heiligen geworden ist und in das Nirwana eingeht. Nur während der wenigen Monate der Pilgerzeit sind die kleinen Läden an der Straße von Badrinath offen, der Polizeiposten besetzt, die Bettler sitzen am Boden und strecken ihre durch Lepra verstümmelten Hände für ein Almosen aus, das ihnen die Pilger gerne geben. In wenigen Wochen wandern die letzten Pilger von Badrinath heimwärts, und die kleine Stadt ist menschenleer, wenn der Schnee zu hohen Wällen anwächst.

Jetzt ist der Ort so voll mit Pilgern – an 145

manchen Tagen kommen über tausend – daß viele keinen Platz in den Herbergen finden und in den Gassen oder am Flußufer übernachten müssen. Seit dem Straßenbau hat Badrinath leider recht kommerzielle Züge angenommen und vieles, was einem begegnet, hat mit Religion nichts zu tun. Jedoch immer noch ist es ein Zentrum der Hindu-Pilger, die ihren Gottheiten huldigen wollen. Badrinath ist vor allem Vishnu gewidmet, während Gott Schiwa dem Pilgerort Kedarnath zugeeignet ist. Auch hier in Badrinath wie in Benares und Hardwar ist das Bad im Ganges höchstes Ziel der Pilgerreise. Mit Hilfe der heiligen Kraft des Flusses hoffen sie, sich vom Pfad der Wiedergeburten zu lösen, um endgültig ein gottgleiches Leben führen zu können. Es ist der sehnlichste Wunsch jedes Hindu, das Böse abzustreifen und sich zum Guten zu läutern. Ein Leben reicht dafür nicht aus. So reiht sich Leben an Leben, bis er dieses Endziel erreicht hat, nur weiß keiner, wann dies sein wird.

Da der Alaknanda, wie der östliche Quellfluß des Ganges hier noch heißt, sehr wild und reißend ist, passieren immer wieder Unfälle, aber das schreckt die frommen Leute nicht ab. Sie nennen die Quelle des Alaknanda-Flusses die „wahre" Quelle des Ganges, die hoch oben in den Gletschern des Berges Satopanth ihren Ursprung hat. Auf einem Felsen, in dem sie die Hand des Gottes Vishnu zu erkennen glauben, wurden arme Pilger von reichen Pilgern kostenlos verpflegt. Nicht mit Neid, sondern mit Hochachtung betrachtet man die Wohlhabenden, denn der Reichtum ist ja bereits eine Belohnung für die guten Taten im früheren Leben. Rang und Kaste sind hier an den heiligen Stätten aufgehoben, und so habe ich selber gesehen, wie ein Raja sich vor einem Bettler verneigte.

Zu jeder Tageszeit drängen sich die Pilger auf den steilen Tempelstufen, die von vielen Füßen ausgetreten und blank poliert sind. Im Inneren verrichten sie die Gebete, bringen ihre Opfer dar und verehren das Bild Vishnus mit Blumen, Räucherwerk, Hymnen und Musik. Diese Anbetung, die einzig und allein an den Gott gerichtet ist, heißt „Puja" und findet ohne Vermittlung eines Priesters statt. Die Priesterkaste, die sogenannten Brahmanen, von denen es viele Millionen gibt, haben andere Aufgaben zu erfüllen. Sie müssen die heiligen Schriften studieren, was den Angehörigen einer niederen Kaste versagt ist. Der Schriftgelehrte nimmt unter den Brahmanen den höchsten Rang ein, weniger geachtet sind jene, die sakrale Funktionen bei Leichenverbrennungen und die Arbeiten in den Tempeln ausüben. Die meisten Brahmanen jedoch haben hochgestellte Posten in der Verwaltung und Wirtschaft Indiens und gelten als besonders gebildet und intelligent. Das Leben eines Brahmanen entwickelt sich im Idealfall in vier Stufen: Schüler, Hausherr, Einsiedler und als höchste Stufe Asket oder Bettelmönch. Leider wird mit dieser höchsten Stufe auch viel

Unfug getrieben. Die französische Buddhistin Alexandra David-Neel bezeichnet viele Sadhus in ihrem Buch als „berufsmäßige" Heilige. Sie empfindet sie als „betrachtende Mystiker, zynische Philosophen, ewige Pilger", die sich zum Zweck des Broterwerbs dieser Namen bedienen. Sie tragen orangefarbene Gewänder, beschmieren die Haut mit Farbe und Asche und ziehen mit diesem imitierten Aussehen durch die Welt. Leider muß man sagen, daß von den schätzungsweise sechs Millionen „heiligen" Sadhus der größte Teil Strolche, Betrüger oder Nichtstuer sind, die diesen äußeren Habitus benützen, um sich ohne Arbeit auf bequeme Weise zu ernähren. Diese Scharlatanerie gibt es nicht nur im Hinduismus. Überall, wo viele Gläubige auf der Welt zusammenkommen, blüht auch das Geschäft mit abergläubischen und obskuren Dingen. So werden hier in Badrinath Unmengen von selbstgefertigten Medizinen verkauft, Bilder, Amulette angeboten und Wundersteine zu Geld gemacht, die nichts anderes sind als Fossilien.

Das war es nicht, was ich suchte, ich wollte die Echten finden, jene, die fernab der großen Straßen lebten und zu denen man hinpilgern mußte, weil sie sich niemals von ihrem Platz entfernen würden. Am linken Ufer des heiligen Alaknanda, unweit von Badrinath, sollte ich einen solchen Sadhu kennenlernen. Als ich zu ihm kam, saß er meditierend an einen Felsen gelehnt, den Blick in Richtung des mit ewigem Schnee bedeckten Nilkanta. Es herrschte absolute Stille – nicht die Stille der Betroffenheit oder Verlegenheit, nein, dies war die Stille des In-sich-Schauens, die Stille des Glücks und der Zufriedenheit. Acht Frauen saßen um ihn herum und betrachteten ihn voller Verehrung. Auch ich saß über eine Stunde ruhig neben ihm und genoß seine Ausstrahlung, die auch mir den Eindruck vermittelte, daß dieser Sadhu eine Stufe erreicht hat, die dem irdischen Dasein weit entrückt ist. Eigentum bedeutete für ihn nichts mehr. Als eine der Frauen ihm Geld geben wollte, deutete er zum Himmel und sagte: „Wie kannst du mir etwas geben, wo ich doch alles besitze!" Tief beeindruckt verließ ich diesen Eremiten von höchster Geistigkeit und Willenskraft, und mir wurde klar, daß Männer seiner Art das geistige Antlitz Indiens prägen. Sie haben nichts gemein mit jenen Gurus, die sich Gott gleich fühlen und mit ihrer Familie durch Europa reisen, im Luxus leben, finanziert von einer leichtgläubigen Anhängerschaft. Sie werden von den echten Gurus, die in ihren Eremitagen leben, verachtet als billige Betrüger. Einer dieser Lehrer oder Meister, wie man Guru übersetzen kann, sagte mir: „Nicht die Quelle geht zum Dürstenden, sondern der Dürstende muß zur Quelle kommen."

Bei all meinen Begegnungen, waren es Buddhisten oder Hinduisten, beteten sie Schiwa an oder Vishnu, lebten sie als Vegetarier oder aßen sie Fleisch, gleich welcher Sekte sie angehörten, eines hat-

147

ten sie alle gemeinsam: es war die Fähigkeit der Meditation. Die körperliche und geistige Übung, um das Wesentliche des Lebens zu erkennen und dadurch übernatürliche Kräfte zu erlangen.

Es gibt viele Arten der Meditation und viele optische Hilfen. Eine große Rolle spielen Bilder, wie sie auf den Thangkas zu sehen sind, jenen Gebetsrollen, deren schönste wohl von tibetischen Künstlern gemalt werden. Bevorzugt für Meditationen sind die bunt gemalten Mandalas, magisch-religiöse Diagramme, die eigentlich nichts anderes sind als die Aufprojektion eines Tempels mit den vier Himmelsrichtungen. In der Mitte sitzt die Gottheit. Zur Meditation gehören Hand- und Fingerstellung, die genau festgelegt sind. Jede Haltung hat ihre bestimmte Bedeutung und Aussage. Dazu spricht man Texte, und mit welcher Stärke und Betonung Laute, Silben und Verse ausgesprochen und wiederholt werden, ist von größter Bedeutung. Die wohl bekannteste Silbe ist das „Om", sie ist die symbolische Bezeichnung für „Schöpfer, Erhalter und Zerstörer". Spricht man sie aus, meditiert man damit das Weltall.

Um all diese Übungen ein wenig zu studieren, die man ja auch bei uns Joga nennt, lebte ich mehrere Tage bei Brahmarishi Yogimaj. Joga-Übungen bedeuten eine ungeheure Belastung für den Körper, und es müssen daher eine Menge Voraussetzungen erfüllt werden, soll sich ein Erfolg einstellen. Zunächst muß der Mensch in völliger Enthaltsamkeit leben, d.h., nur Diätkost zu sich nehmen, Enthaltsamkeit und Zügelung der Sinne üben, um nur einige der Selbstverständlichkeiten zu nennen. Inzwischen bin ich durch häufige Besuche mit Brahmarishi befreundet und kann ihn alles fragen, was mich interessiert. Als ich das erstemal zu ihm kam, war er stumm, beantwortete keine meiner Fragen, sondern deutete mir durch Gesten an, die am Boden stehende Petroleumlampe anzuzünden, um die kleine, dunkle Zelle etwas zu erhellen. Unter dem schwachen Schein des Lichtes öffnete er seinen Mund, und ich sah nur das Zäpfchen. Ich glaubte an eine Krankheit und überlegte schon, wie ich ihm helfen könnte, als sich nach einer Stunde das Rätsel löste: er hatte seine Zunge in den Rachen geklappt und ohne zu atmen – wie er mir sagte – sieben Stunden in dieser Stellung verharrt. Er erzählte mir die Geschichte von Advoot Swami Pramanand, den ich vor einigen Tagen besucht hatte. Advoot Swami sei einmal im Herbst der vergangenen Jahre im Tempel von Badrinath gesessen, um dort zu meditieren. Er saß dort schon viele Wochen, und als zu Winteranfang der Tempelwärter kam, um alles für den eisigen Winter zu verschließen, rührte er sich nicht von seinem Platz. Der Pförtner war völlig ratlos. Nach langem Warten sagte der Swami schließlich mit leiser Stimme zu dem hilflosen Wärter: „Tu deine Pflicht, ich tu die meine!" Als der Tempel nach den langen Wintermonaten wieder geöffnet wurde, saß Advoot noch in der gleichen Meditationsstellung, wie man ihn im Herbst eingesperrt hatte. Er lebte in tiefer Versenkung, und die Kälte hatte ihm nichts ausgemacht. Erstaunliche Dinge erlebte ich hier am Quellfluß des Ganges unter den heiligen Männern. Sie beherrschten ihren Körper vollkommen, Hitze und Kälte spielten für sie keine Rolle, und überzeugend behauptete er, immer glücklich zu sein und so lange leben zu können, wie er wollte. Er war auch fest davon überzeugt, daß es nur eine Frage der Willenskraft sei, um mit Ausdauer und Training ähnliche Vollkommenheit zu erlernen und somit auch alle Krankheiten vom eigenen Körper fernhalten zu können.

Ich wage dies für uns zu bezweifeln. Sicher können viele die gymnastische Seite des Joga nachahmen und erlernen, aber ich bezweifle, daß wir je zu den gleichen geistigen Ergebnissen kommen werden. Wir sind keine Asiaten, haben eine völlig andere Mentalität, und der Geist dieser Menschen mit ihrer Jahrtausende alten Tradition wird in ihren tiefsten Gründen uns immer verschlossen bleiben. Da hilft kein gelbes Gewand, kein geschorener Kopf und auch nicht das Erlernen hunderter Joga-Stellungen.

Der bedeutendste und bekannteste Jogi oder Heilige Tibets ist Milarepa, der Dichter vieler lyrischer Verse. Er lebte im 12. Jahrhundert in verschiedenen Höhlen nicht weit vom Mount Everest, und sieht man ihn gemalt auf Thangkas oder als Bronze dargestellt, so erkennt man ihn sofort an seiner Mudra, seiner Hand- und Fingerstellung. Mit der ans Ohr gelegten rechten Hand lauscht er dem Gesang der Vögel und in der linken hält er eine Schale mit Brennesselspinat, seiner einzigen Nahrung. Milarepas Lebensgeschichte, die er in späteren Jahren einem seiner Schüler diktierte, ist ein Meisterwerk tibetischer Prosa. Es sagt mehr über Leben, Fühlen und Denken des tibetischen Volkes aus als alles, was sonst geschrieben wurde.

Einmal, als einige seiner Anhänger ihn in seiner Einsiedelei „Byang chub rdjang" besuchten, baten sie ihn, ein Preislied auf diesen Ort und die Art seiner Beschauung zu geben, und so entstanden jene Verse – im Angesicht des gewaltigen Himalaja – die für mich zu seinen schönsten gehören:

„Das ist die Einsiedelei, ‚Burg der Erleuchtung' genannt.
Oben ragt der weiße hohe Gletscherberg mächtiger Geister.
Unten stehen viele gläubige Gabenspender.
Der Berg hinter mir ist mit einem weißen Seidenvorhang bedeckt.
Vor mir dehnen sich wunschstillende Wälder aus.
Da sind große und weite Rasengründe und Matten.
Auf den duftenden lieblichen Blumen schweben summend die sechsfüßigen Insekten.
Am Strand der Teiche und Weiher späht der Wasservogel, den Hals drehend.

Im weit verästelten Gezweig der Bäume
singt lieblich die schöne Vogelschar.
Vom Düfte tragenden Winde bewegt,
wiegen sich die Zweige der Bäume tan-
zend hin und her.
Im Wipfel der hohen, weit sichtbaren
Bäume zeigen Affen und Äfflein ihre
mannigfachen Geschicklichkeiten.
Auf dem grünen, weichen, weiten Wie-
senteppich breitet sich weidend vierfü-
ßiges Vieh hin.
Die das Vieh hütenden Hirten singen
und entlocken der Flöte liebliche Töne.
Die Knechte weltlicher Habsucht sta-
peln auf dem Boden ihre Waren auf.
Wenn ich, der Yogin, darauf hinab-
schaue, auf meinem weithin sichtbaren
herrlichen Felsen, betrachte ich die ver-
gänglichen Erscheinungen als ein
Gleichnis.
Die sinnlichen Genüsse sehe ich als ein
Spiegelbild im Wasser an.
Dieses Leben halte ich für die Täuschung
eines Traumes.
Gegen die Unverständigen hege ich
Mitleid.
Den leeren Raum nehme ich zur Speise,
ungestörter Contemplation weihe ich
mich.
Wie alle Bilder, die in unserem Geiste
aufsteigen, ach, nach dem Gesetz des
Kreislaufs der drei Welten nicht vorhan-
den sind, so auch nicht die herrlichen
Erscheinungen der Welt."
(Übersetzung: Berthold Laufer, 1922)

Die Expedition zur Quelle des Ganges
ging zu Ende, und bevor wir unsere
Träger bezahlten und entließen, warf ich
einen letzten Blick hinüber nach Tibet,
wo ich sieben glückliche Jahre verbracht
hatte, inmitten der Eisriesen des Himalaja, auf deren Gipfeln ihre Götter thronen. Und ich denke an den Yogi, der
meditierend auf seinem Felsen sitzt und
in die Ferne schaut. Oder ich höre das
„So, so, so, so, so! Hla gyalo, De tamt-
sche pam!", was so viel bedeutet wie
„Ho! Ho! Ho! Die Götter haben gesiegt,
die bösen Geister sind unterlegen!" Vielleicht sollten Reisende diese Worte lernen, und wenn sie mit ihren Trägern auf
eine Paßhöhe kommen, gemeinsam mit
ihnen diese Sätze rufen. Es wird ihnen
helfen, die Menschen dort besser zu verstehen und sich ihnen anzupassen. Denn
jeder Tourist trägt auch eine große
Verantwortung, und man sollte erwar-
ten, daß er sich vor einer Reise in so
andersartige Länder gut vorbereitet und
mit Taktgefühl den fremden Sitten und
Gebräuchen entgegenkommt.

Über meine Fotografie

Seit 1948 fotografiere ich mit der LEICA, und zwar zunächst mit dem ELMAR 1:3,5/50 mm in Lhasa. Heute fotografiere ich in erster Linie mit zwei Spiegelreflex-Kameras, der LEICAFLEX SL und der LEICA R3. Als Standard-Objektiv benutze ich das äußerst vielseitige MACRO-ELMARIT-R 1:2,8/60 mm. An weiteren Objektiven setze ich das ELMARIT-R 1:2,8/35 mm, ein weiteres MACRO-ELMARIT-R 1:2,8/60 mm sowie die Tele-Objektive ELMARIT-R 1:2,8/135 mm, APO-TE-LYT-R 1:3,4/180 mm und TELYT-R 1:4/250 mm ein.

Wie bereits gesagt, ist mein Lieblingsobjektiv das universelle MACRO-ELMARIT-R 1:2,8/60 mm, von dem ich sogar 2 besitze. In der Eile auf Expeditionen, wo man bei Festen keine Zeit zum Objektivwechsel hat, kann ich es genauso wie bei Nahaufnahmen z.B. von Blumen verwenden.

LEICA-Ausrüstungen, die ich seit über 40 Jahren benutze, haben mich wegen ihrer Zuverlässigkeit nicht nur in größeren Höhen, sondern auch in feuchten Dschungelgebieten nie im Stich gelassen. Ein MACRO-ELMARIT-R 1:2,8/60 mm polterte einmal 60 Höhenmeter über Felsen und steile Grashänge hinab in die Tiefe. Eigentlich wollte ich das Objektiv nur als Souvenir suchen und mitnehmen. Als ich es tatsächlich fand, war die Gegenlichtblende mehrmals eingebogen, und das Objektiv-Bajonett war leicht beschädigt. Noch auf der Expedition konnte ich das Objektiv aber brauchbar machen und benutze es weiterhin.

Sachwortregister

153

Im PINGUIN-VERLAG, INNSBRUCK, UMSCHAU-VERLAG, FRANKFURT/M. sind in Ausstattung gleich dem vorliegenden Band unter anderen erschienen:

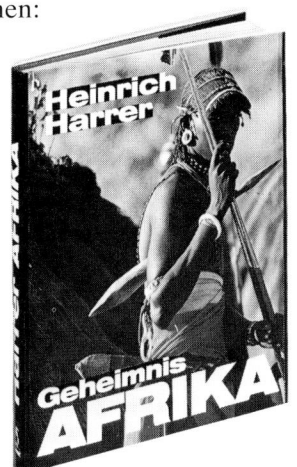

Heinrich Harrer
Ladakh
Menschen und Götter hinter dem Himalaja
168 Seiten, 151 Abbildungen farbig, Leinenausführung, auch in eigener englischer Ausgabe lieferbar

Heinrich Harrer
Geheimnis Afrika
156 Seiten, 121 Abbildungen, davon 86 farbig, Leinenausführung

Hermann M. Görgen
Brasilien
Impressionen und Erlebnisse
160 Seiten, 90 Bildseiten farbig, Leinenausführung

Albert Leemann
Bali
Insel der Götter
150 Seiten, 122 Abbildungen farbig, Leinenausführung

Herbert Tichy
Traumland Kenia
176 Seiten, 107 Abbildungen farbig, Leinenausführung, auch in eigener englischer Ausgabe lieferbar

Schottland in Farbe
Aufnahmen von F. A. H. Bloemendal
Text von Margaret Hides
112 Seiten, 96 Bildseiten farbig, Leinenausführung

LADAKH

KASCHMIR

• Srinagar

▲ NUN-KUN

Padum •

Chushal •

SANGKAR

• Jammu

🗲 ROTANG-PASS

HIMACHAL

CHINA

• Kulu

• Mandi

• Batala

Amritsar

• Jullundur

• Simla

MANA-PASS

SATO-
PANTH ▲

VITI-PASS

MT. ▲
KAMET

• Firozpur

Ludhiana

Badrinath •

Josimath •

Chandigarh

• Nahan

Bhagirathi

▲ NANDA
DEVI

Patiala

• Ambala

Alaknanda

Rishikesh
Hardwar

Deoprayag •

H

I

Karnal •

Saharanpur

GARHWAL

M

Panipat •

Muzaffarnagar

Silgarhi •

A

Meerut

• Rohtak

Moradabad

• Rampur

DHAU

Bhiwani

Hapur

DELHI

Ghaziabad

Sambhal

Pilibhit

• Bareilly

• Churu

• Budaun

• Shajahanpur

• Bahraich

• Sikar

• Alwar

Yamuna

Aligarh

Hathras

Sitapur

Fatehgarh •

Ganges

Ghaghara

Mathura

Agra

• Firozabad

• Lucknow

• Jaipur

Etawah •

Faizabad •

N
W — E
S